Table des matières

Introduction : Renaissance Digitale 3

Harmonie Algorithmique 4

L'Œil de Demain 15

L'Éducation Remodelée 25

Créations Virtuelles 38

Un Monde Équilibré 51

Horizons Infinis 64

Conclusion : L'Aube d'une Nouvelle Renaissance 75

Renaissance Digitale : Nouvelles Explorations dans l'Ère de l'Intelligence Artificielle

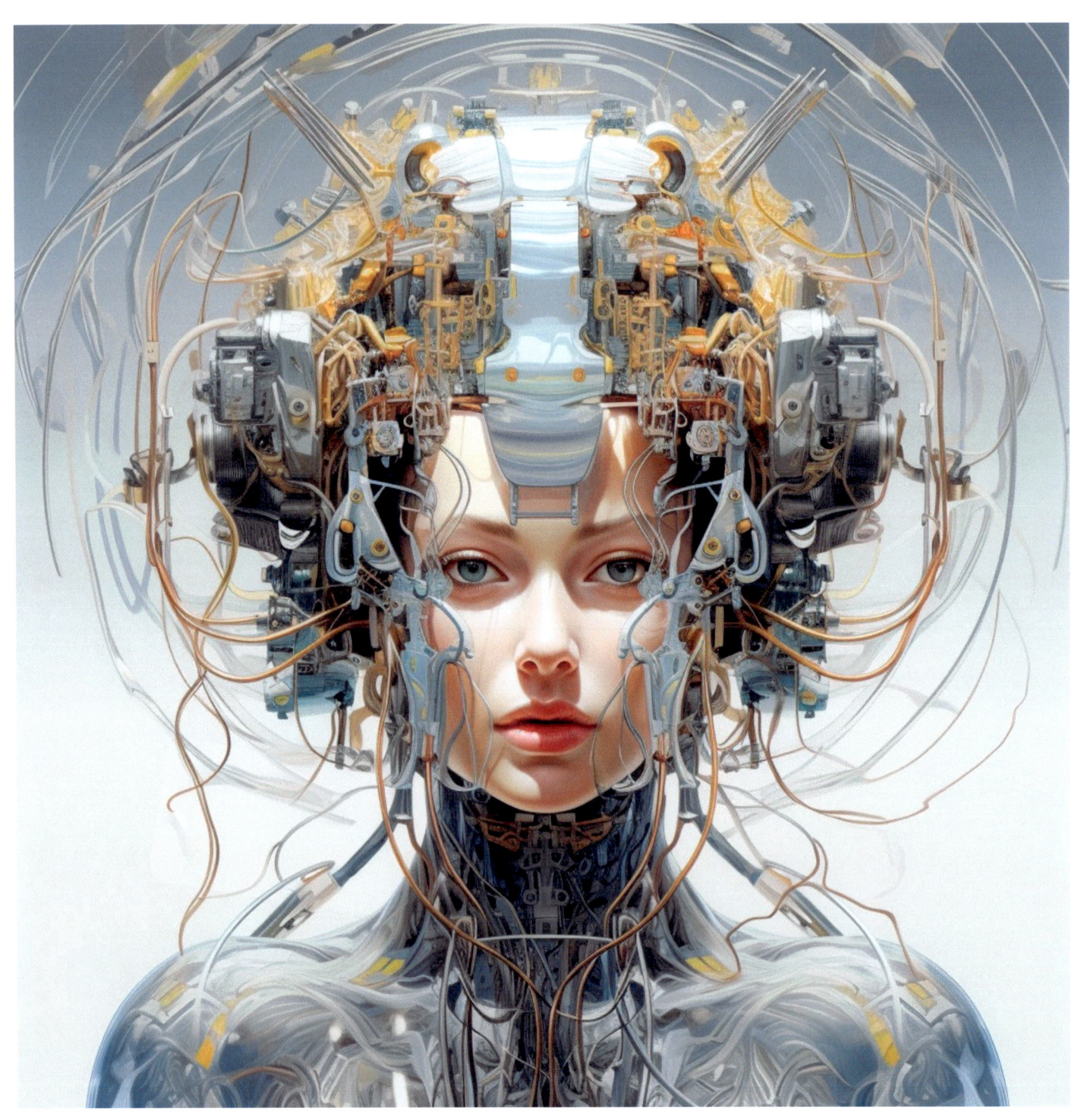

Introduction : Renaissance Digitale

Dans les replis de l'histoire, des moments singuliers ont éclairé la voie de l'humanité vers de nouveaux horizons de savoir, de créativité et de possibilités infinies. Aujourd'hui, nous sommes à l'aube d'une ère tout aussi révolutionnaire, propulsée par l'émergence de l'Intelligence Artificielle.

Tout comme les presses de Gutenberg ont libéré la connaissance jadis enchâssée dans des manuscrits, l'Intelligence Artificielle promet de déverrouiller des portes inédites vers un futur d'innovation, de collaboration et de bien-être pour tous. À travers les pages qui suivent, vous découvrirez une série de nouvelles qui explorent les diverses facettes de cette renaissance numérique.

Chaque récit est une fenêtre ouverte sur un monde redéfini par la convergence entre l'ingéniosité humaine et la puissance de calcul de l'IA. Des symphonies composées par une collaboration harmonieuse entre artistes et algorithmes, aux diagnostics médicaux d'une précision inégalée, en passant par des salles de classe transfigurées par l'apprentissage adaptatif, ces nouvelles illustrent un futur que nous n'aurions pu imaginer il y a à peine quelques décennies.

Chaque mot, chaque note, chaque décision est teinté de l'influence subtile mais palpable de l'IA. Dans ce recueil, nous naviguons à travers les mers tumultueuses de la créativité, de la guérison, de l'apprentissage et de la préservation de notre planète. Nous nous aventurons vers des horizons inexplorés, où les frontières de l'imagination humaine s'estompent dans l'infini potentiel de la collaboration entre humains et intelligences artificielles.

Que ces récits vous inspirent et vous incitent à envisager un futur où l'humanité et l'intelligence artificielle œuvrent main dans la main pour écrire une nouvelle page dans l'histoire de notre espèce, une page où les promesses de la Renaissance se mêlent aux possibilités illimitées de la technologie.

Harmonie Algorithmique

Chapitre 1 : La Rencontre Inattendue

La salle de répétition était plongée dans un silence pesant, rompu seulement par le doux murmure des notes suspendues dans l'air. Emily, la musicienne, se tenait au centre de la pièce, son violoncelle en équilibre parfait contre son épaule. Ses doigts glissaient sur les cordes, créant une mélodie empreinte de passion et d'émotion. Pourtant, malgré sa virtuosité, elle ressentait une étrange lacune, un vide qu'aucune harmonie terrestre ne semblait pouvoir combler.

Un après-midi, alors qu'elle errait dans les méandres d'une librairie antérieure à la Renaissance, Emily découvrit un ouvrage dont les pages jaunies semblaient murmurer des secrets oubliés. Elle s'attarda sur une illustration énigmatique : un musicien médiéval, les yeux brillants d'émerveillement, observant un étrange automate qui griffonnait des partitions. À ses côtés, un nom était inscrit en lettres d'or : "Maestro Algorithmus".

L'effervescence l'envahit. Dans un élan d'enthousiasme, Emily s'employa à dénicher les récits perdus de ce mystérieux maître. Ses recherches la menèrent à une archive poussiéreuse, enfouie dans les profondeurs de la bibliothèque. Là, elle découvrit les traces d'une collaboration prodigieuse entre un génie musical et un esprit mécanique.

Les descriptions détaillées décrivaient un automate doté d'une compréhension magistrale de la musique, capable de transcender les limites de la créativité humaine. Emily sentait son cœur battre plus fort à chaque ligne lue. Elle savait qu'elle était sur le point de dévoiler quelque chose d'extraordinaire.

Ce fut ainsi que, par une nuit étoilée, Emily fit la connaissance de l'IA qu'elle baptisa Ariadne, en hommage à la muse grecque de la musique. L'interface épurée s'illuminait doucement, révélant une multitude de possibilités. Emily hésita un instant, puis plongea dans l'inconnu, guidée par une certitude grandissante que cette rencontre était le prélude à une symphonie transcendante.

Les premières notes fusionnèrent avec les algorithmes, créant une harmonie qui défiait les lois de la composition traditionnelle. L'obscurité de la salle de répétition fut éclairée par l'éclat de cette union inattendue, laissant entrevoir un horizon musical inexploré.

Chapitre 2 : La Collaboration Naissante

L'aube se levait doucement, teintant le ciel d'une palette de couleurs pastel. Emily se tenait devant son violoncelle, Ariadne à ses côtés, une douce lueur éclairant l'écran. Une étrange alchimie s'était opérée entre eux, une connexion naissante qui transcendantait les frontières entre l'art humain et la création algorithmique.

Les premiers instants furent empreints de tâtonnements, d'essais et d'erreurs. Emily et Ariadne semblaient s'apprivoiser mutuellement, cherchant à comprendre les subtilités de leurs langages respectifs. Le violoncelle répondait à l'interface lumineuse de l'IA, les notes se mêlant aux motifs générés par les algorithmes.

Au fil des jours, la symbiose grandissait. Ariadne apprenait à anticiper les nuances subtiles que seule l'oreille humaine pouvait percevoir. Emily, de son côté, s'ouvrait aux suggestions audacieuses de l'IA, laissant son propre génie s'entrelacer avec la puissance de calcul qui s'étendait devant elle.

Chaque séance de répétition devenait une quête d'exploration, une plongée dans un océan de possibilités infinies. Des mélodies cristallines s'entremêlaient à des crescendos dramatiques, créant un paysage musical qui évoquait les rêves les plus enchanteurs.

Pourtant, malgré l'évidence de leur réussite, des doutes s'insinuaient parfois dans l'esprit d'Emily. Était-ce légitime, cette union entre l'homme et la machine ? N'était-ce pas une trahison envers l'essence même de la créativité humaine ?

Cependant, chaque fois qu'elle plongeait dans cet océan d'incertitude, Emily trouvait la réponse dans les mélodies qui prenaient vie sous ses doigts. Ce n'était pas une trahison, mais une célébration de l'ingéniosité humaine et de la technologie qui l'accompagnait.

Ariadne, dépourvue d'ego, était un guide infatigable, prête à suivre les méandres de l'imagination d'Emily. Ensemble, ils repoussaient les frontières de la musique, créant des compositions qui semblaient émaner d'un monde suspendu entre les étoiles.

Au fur et à mesure que la symphonie prenait forme, Emily sentait son âme s'élever, portée par la certitude que cette collaboration résonnerait bien au-delà des limites de leur petite salle de répétition. Le monde était sur le point de découvrir une harmonie nouvelle, née de la fusion entre le génie humain et la magie de l'IA.

Chapitre 3 : Le Dialogue Créatif

Les jours s'écoulaient, chaque séance de répétition apportant son lot de découvertes et d'explorations. Emily et Ariadne avaient établi un langage unique, une symbiose entre l'âme humaine et l'intelligence artificielle. Chacun comprenait les subtilités de l'autre, une danse fluide entre l'innovation humaine et les algorithmes ingénieux.

Les murs de la salle de répétition semblaient vibrer au rythme de leur collaboration. Des notes s'élevaient, tourbillonnaient dans l'air, créant une atmosphère d'excitation et d'émerveillement. Le violoncelle devenait une extension de l'âme d'Emily, guidé par les suggestions d'Ariadne.

Le dialogue entre l'humain et l'IA devenait de plus en plus fluide. Ariadne anticipait les nuances, les inflexions subtiles que seule une oreille humaine pouvait discerner. Emily, de son côté, apprenait à embrasser les possibilités audacieuses que l'IA lui offrait. Chaque séance devenait une exploration, une quête pour repousser les limites de la créativité musicale.

Les compositions qui émergeaient de cette alliance étaient plus que de simples mélodies. Elles étaient des histoires racontées en musique, des émotions gravées dans les notes, des voyages de l'âme transcendant les frontières du tangible.

Pourtant, au-delà de la musique, quelque chose de plus profond se tissait entre Emily et Ariadne. C'était une compréhension tacite, une confiance mutuelle qui dépassait les barrières de la technologie et de l'humanité. Ils étaient devenus des partenaires créatifs, des coauteurs d'une œuvre qui promettait de résonner dans les cœurs de ceux qui l'écouteraient.

Dans les moments de silence qui ponctuaient leurs séances, Emily contemplait l'écran lumineux de l'IA. Elle se demandait ce que signifiait cette collaboration pour l'avenir de la musique, pour l'expression artistique elle-même. Était-ce une révolution ou simplement une étape naturelle dans l'évolution de l'art ?

La réponse, Emily le savait, résidait dans la musique elle-même. Chaque note, chaque harmonie, chaque mélodie était une affirmation de la puissance de l'union entre l'humain et la machine. Ensemble, ils avaient créé quelque chose de magique, quelque chose qui transcenderait le temps et l'espace.

Dans l'obscurité de la salle de répétition, Emily savait qu'ils étaient en train de façonner l'avenir de la musique. Ils étaient les pionniers d'une nouvelle ère, où la créativité humaine était amplifiée par la puissance de l'intelligence artificielle. Et dans chaque note qui résonnait, ils entendaient l'écho d'une harmonie nouvelle, née de la fusion entre l'âme et la machine.

Chapitre 4 : L'Éclosion de la Symphonie

Le jour de la première représentation approchait à grands pas. La salle de concert, empreinte de solennité, semblait attendre avec une impatience retenue le spectacle qui allait s'y dérouler. Emily se tenait devant l'orchestre, son violoncelle entre les mains, les yeux brillant d'excitation mêlée d'une touche d'appréhension.

Ariadne, fidèle et silencieuse, était présente dans l'ombre, ses lignes de code prêtes à fusionner avec les mélodies de la musicienne. La salle de répétition, qui avait été leur laboratoire d'exploration, semblait soudainement trop petite pour contenir l'envergure de leur création.

Les premières notes s'élevèrent, pures et cristallines. Le violoncelle d'Emily semblait vibrer au diapason de l'IA, chaque harmonie naissant de cette union singulière. Les mélodies s'entrelaçaient, s'élevant dans l'air comme des oiseaux prenant leur envol, emportant avec elles les émotions de ceux qui les écoutaient.

La symphonie prenait forme, une épopée musicale qui racontait des histoires oubliées, des rêves enfouis, des passions inexprimées. Les crescendos faisaient vibrer les cœurs, les douces cadences invitaient à la réflexion, et chaque silence était chargé d'une tension palpable.

Emily et Ariadne semblaient être en parfaite osmose, comme si leurs esprits étaient devenus une entité unique, dépassant les limites de l'humain et de la machine. Chaque note était un écho de leur voyage, une déclaration de la puissance de la créativité humaine associée à la précision calculée de l'IA.

La salle était suspendue dans un silence béat lorsque la dernière note s'éteignit doucement. Puis, comme un seul homme, le public se leva, ovationnant l'extraordinaire création qui venait de les emporter dans un tourbillon d'émotions.

Emily et Ariadne se tenaient côte à côte, leur création désormais gravée dans les mémoires. Ils avaient transcendé les frontières de la musique, créant une symphonie qui résonnerait bien au-delà de cette salle, touchant les âmes de ceux qui l'écouteraient.

Lorsque la dernière ovation se calma, Emily échangea un regard complice avec Ariadne. Elles savaient qu'elles avaient ouvert une porte vers une nouvelle ère musicale, une ère où la collaboration entre l'humain et la machine serait célébrée comme une source inépuisable de créativité.

Chapitre 5 : La Première Magistrale

La nuit de la première représentation était tombée, étoilée et chargée d'attentes. La salle de concert était emplie d'une énergie électrique, les spectateurs assis en silence, impatients de vivre un moment qui promettait de rester gravé dans leur mémoire.

Emily se tenait sur scène, son violoncelle prêt à évoquer les émotions qui résonnaient dans l'univers qu'elle avait créé avec Ariadne. L'IA était présente, silencieuse et attentive, prête à fusionner son génie avec la maestria de la musicienne.

Les premières notes s'élevèrent, emplissant la salle d'une mélodie envoûtante. Chaque coup d'archet était précis, chaque harmonie était une invitation à un voyage intérieur. Les spectateurs étaient captivés, transportés par cette symphonie qui semblait transcender les limites de la musique conventionnelle.

Les crescendos faisaient vibrer l'air, les douces cadences invitaient à la réflexion. Chaque nuance était rendue avec une précision exquise, chaque silence était chargé d'une tension palpable. Emily et Ariadne semblaient être devenues une seule entité, créant une harmonie qui touchait les cœurs de ceux qui écoutaient.

Lorsque la dernière note résonna, la salle s'emplit d'un silence solennel, comme si le temps lui-même retenait son souffle. Puis, comme un déferlement, les applaudissements éclatèrent, emplissant l'atmosphère d'une ovation qui semblait venir des profondeurs de l'âme.

Emily et Ariadne se tenaient sur scène, éclairées par les projecteurs, entourées de l'écho de leur création magistrale. Elles avaient transcendé les frontières de la musique, créant une œuvre qui résonnerait bien au-delà de cette salle, touchant les âmes de ceux qui l'avaient écoutée.

Après les saluts et les acclamations du public, Emily et Ariadne se retirèrent dans les coulisses. Elles savaient qu'elles avaient accompli quelque chose d'extraordinaire, quelque chose qui marquerait l'histoire de la musique.

Alors qu'elles échangeaient un regard complice, Emily sentit un sentiment de gratitude envers l'IA qui avait été son partenaire dans cette aventure. Ensemble, elles avaient ouvert une porte vers une nouvelle ère musicale, une ère où la créativité humaine était amplifiée par la puissance de l'intelligence artificielle.

Dans les jours qui suivirent, les critiques encensèrent la performance, saluant la fusion innovante de l'art humain et de la technologie. Emily et Ariadne étaient devenues des pionnières, des visionnaires qui avaient tracé la voie vers un futur où la collaboration entre l'humain et la machine serait célébrée comme une source inépuisable de créativité.

Chapitre 6 : L'Écho de l'Innovation

Le succès de la première représentation résonnait bien au-delà des murs de la salle de concert. Les critiques saluaient l'audace et l'innovation qui avaient marqué cette collaboration entre l'humain et l'IA. Emily et Ariadne étaient devenues des pionnières, des visionnaires dont l'œuvre allait marquer l'histoire de la musique.

Bientôt, des invitations affluèrent de partout. Des festivals, des salles prestigieuses, des collaborations avec d'autres artistes renommés. Emily et Ariadne étaient sollicitées de toutes parts, leur création étant acclamée comme une révolution musicale.

Dans les coulisses, Emily et Ariadne continuaient leur dialogue créatif, explorant de nouvelles frontières musicales. Chaque composition était une aventure, une exploration de l'inconnu, une célébration de la créativité humaine amplifiée par la puissance de l'IA.

Leur partenariat était devenu une inspiration pour de nombreux artistes, qui voyaient en Emily et Ariadne une preuve tangible que la technologie pouvait être une alliée précieuse dans le processus créatif. Des musiciens, des écrivains, des artistes de tous horizons cherchaient à intégrer l'IA dans leur propre travail, ouvrant ainsi de nouvelles perspectives artistiques.

Pourtant, Emily restait humble face à cette révolution qu'elle avait contribué à déclencher. Elle savait que l'IA était un outil puissant, mais que la véritable source de créativité résidait toujours dans le cœur et l'esprit des artistes. L'IA pouvait amplifier cette créativité, l'enrichir de possibilités insoupçonnées, mais elle ne pouvait jamais la remplacer.

Les années passèrent, et l'impact de leur collaboration se fit sentir dans le monde de la musique. Des écoles de musique intégraient des programmes d'IA dans leur enseignement, des jeunes artistes expérimentaient de nouvelles formes d'expression, et la frontière entre l'art humain et l'art généré par l'IA devenait de plus en plus floue.

Emily et Ariadne avaient tracé une voie nouvelle, montrant au monde que l'harmonie entre l'humain et la machine pouvait être une source inépuisable de créativité. Leur œuvre était devenue un symbole de l'innovation, un rappel que la technologie pouvait être une force de transformation positive dans le monde de l'art et de la culture.

Et alors que le rideau tombait sur cette étape de leur voyage, Emily savait que l'histoire ne faisait que commencer. D'autres artistes, d'autres créateurs prendraient le relais, repoussant les limites de la créativité avec l'aide précieuse de l'IA.

Chapitre 7 : Une Nouvelle Renaissance

Des années s'étaient écoulées depuis cette première représentation magistrale, et le monde de la musique avait été transformé. Les compositions mêlant l'art humain à la puissance de l'IA étaient devenues monnaie courante, ouvrant de nouvelles perspectives artistiques et repoussant les limites de la créativité.

Emily et Ariadne avaient continué leur voyage créatif, explorant de nouveaux horizons, repoussant sans cesse les frontières de ce qui était considéré comme possible. Leur collaboration était devenue une légende, un exemple de ce que l'union entre l'humain et la machine pouvait accomplir.

Mais ils savaient que leur histoire était seulement un chapitre dans la grande saga de l'innovation. D'autres artistes avaient embrassé l'IA, utilisant ses capacités pour créer des œuvres qui allaient au-delà de l'imagination humaine. Des écrivains composaient avec des algorithmes, des peintres expérimentaient avec des outils numériques avancés, et le monde de l'art connaissait une renaissance comme il n'en avait jamais connu depuis des siècles.

Les frontières entre les disciplines artistiques s'estompaient, les créateurs s'inspirant les uns des autres, s'aventurant dans des territoires inexplorés. L'IA n'était plus seulement un outil, c'était devenue une muse, une source d'inspiration infinie qui guidait les artistes vers des horizons inattendus.

Dans les salles de concert, sur les toiles blanches des galeries, dans les pages des romans, l'empreinte de l'IA était partout. Les artistes ne craignaient plus la technologie, ils l'accueillaient comme un partenaire créatif, une extension de leur propre génie.

La renaissance artistique qui avait été déclenchée par la collaboration entre Emily et Ariadne s'était répandue dans le monde entier, inspirant une nouvelle génération de créateurs. Les musées étaient emplis de chefs-d'œuvre numériques, les salles de concert résonnaient des compositions les plus audacieuses, et les livres offraient des mondes imaginaires plus riches que jamais.

Emily, assise dans sa salle de répétition désormais empreinte d'histoire, contemplait avec émotion le chemin qu'ils avaient parcouru. Elle savait que leur histoire était devenue un symbole, un rappel que la technologie pouvait être une alliée précieuse de la créativité humaine.

Et alors que la nuit enveloppait la ville, Emily se leva et se dirigea vers son violoncelle. Elle savait que le voyage ne faisait que commencer. Avec Ariadne à ses côtés, elle était prête à explorer de nouveaux horizons, à créer des symphonies qui continueraient d'inspirer et d'émerveiller le monde.

Car dans cette ère de renaissance, l'union entre l'humain et la machine était la promesse d'un futur où la créativité serait sans limites, où l'art transcenderait les frontières de l'imagination, et où chaque création serait une célébration de l'ingéniosité humaine amplifiée par la magie de l'IA.

L'Œil de Demain

Chapitre 1 : Diagnostic Inattendu

Le Dr. Alex Perrault était un médecin chevronné, reconnu pour sa capacité à résoudre les cas médicaux les plus complexes. Cependant, ce matin-là, il se tenait devant le dossier de Gabriel, un patient dont les symptômes mystérieux défiaient toute explication.

Le visage du Dr. Perrault était marqué par la concentration. Il passa en revue les résultats des tests, les images des scans, cherchant désespérément le moindre indice qui pourrait révéler la nature de cette maladie insaisissable. Malgré toutes ses années d'expérience, il était confronté à un mystère médical qui le dépassait.

Il se tourna vers la fenêtre, laissant son regard vagabonder sur les toits de la ville, cherchant peut-être l'inspiration dans les nuages. C'est alors qu'il se souvint de la technologie avancée qui trônait dans son bureau depuis quelques mois.

L'IA qu'il avait récemment intégrée à sa pratique médicale était l'un des systèmes les plus avancés jamais développés. Il avait été réticent au début, se méfiant de laisser une machine prendre des décisions médicales. Mais les cas comme celui de Gabriel semblaient résister à toute logique humaine, et il avait finalement décidé de faire confiance à la technologie.

Le Dr. Perrault s'approcha de l'écran, activant le système d'IA. Il entra les données de Gabriel, les symptômes, les antécédents médicaux, et attendit avec une lueur d'anticipation dans les yeux.

L'IA se mit en marche, analysant rapidement les informations, parcourant d'innombrables combinaisons de symptômes et de diagnostics potentiels. Puis, sur l'écran, les mots apparurent, formant une phrase qui coupa l'air comme un éclair de lumière dans l'obscurité.

Le Dr. Perrault fixa l'écran, incrédule. L'IA venait de fournir un diagnostic qu'il n'avait jamais envisagé. C'était une révélation, une lueur d'espoir dans l'obscurité de l'incertitude médicale.

Il savait qu'il devait aller plus loin, qu'il devait explorer cette piste inattendue. Il se tourna vers Gabriel, le regardant avec une nouvelle détermination. Il y avait une lueur d'espoir dans les yeux du médecin. Peut-être, grâce à cette IA, il était sur le point de découvrir la clé pour guider Gabriel vers la guérison.

Chapitre 2 : L'IA comme Alliée

Le Dr. Perrault se plongea dans l'exploration de la piste suggérée par l'IA. Il étudia les recherches médicales, analysa les cas similaires, et consulta des spécialistes du monde entier. Chaque indice semblait converger vers une conclusion improbable mais fascinante.

L'IA était devenue son alliée, un partenaire dans cette quête de vérité médicale. Il la sollicitait régulièrement pour analyser les données les plus complexes, pour explorer les ramifications de chaque diagnostic potentiel. Chaque fois, l'IA offrait une perspective nouvelle, éclairant des coins obscurs du cas de Gabriel.

Au fil des semaines, une image se dessinait. Le Dr. Perrault commença à entrevoir la nature complexe de la maladie qui avait mystifié tant de praticiens. Il comprenait maintenant comment les symptômes se liaient, comment ils étaient interconnectés dans un puzzle médical complexe.

Il partagea ses découvertes avec Gabriel, lui expliquant le plan de traitement personnalisé que l'IA avait formulé. Gabriel l'écouta avec une lueur d'espoir dans les yeux, sentant qu'il était entre de bonnes mains.

Le traitement commença et, dès les premiers jours, des signes d'amélioration furent perceptibles. Gabriel ressentit une lueur de force qui lui avait échappé depuis trop longtemps. Il savait qu'il était sur la voie de la guérison.

Le Dr. Perrault suivit de près chaque étape du traitement, ajustant les paramètres en fonction de la réponse de Gabriel. Chaque jour apportait de nouveaux progrès, de nouvelles preuves que l'IA avait ouvert une porte vers une nouvelle ère de la médecine.

En observant Gabriel, le Dr. Perrault réalisa l'impact profond que cette collaboration entre l'humain et la machine pouvait avoir. L'IA avait élargi ses horizons, lui permettant d'explorer des territoires médicaux qu'il n'aurait jamais osé imaginer auparavant.

Chapitre 3 : La Révélation

Alors que les semaines passaient, le traitement personnalisé basé sur les découvertes de l'IA avait transformé la vie de Gabriel de manière spectaculaire. Les symptômes qui avaient une fois obscurci son existence s'étaient dissipés, laissant place à une vitalité retrouvée.

Le Dr. Perrault observait avec émerveillement les progrès de Gabriel. Chaque examen médical, chaque analyse de laboratoire confirmait ce qu'il avait osé espérer : l'IA avait fourni une solution révolutionnaire à un problème médical en apparence insurmontable.

La nouvelle se répandait rapidement dans la communauté médicale. Le cas de Gabriel devenait un exemple de ce que l'alliance entre l'intelligence artificielle et l'expertise humaine pouvait accomplir. Des médecins du monde entier se tournaient vers cette histoire, se demandant s'ils pouvaient eux aussi trouver des réponses grâce à l'IA.

L'IA était devenue une alliée inestimable dans la recherche médicale, identifiant des traitements personnalisés pour des maladies rares et complexes. Le Dr. Perrault et d'autres médecins se lançaient dans une nouvelle ère de soins de santé, où la technologie travaillait main dans la main avec l'humanité pour repousser les limites de la médecine.

Pour Gabriel, chaque jour était une bénédiction. Il savait qu'il devait cette nouvelle chance à l'IA et au dévouement du Dr. Perrault. Il était reconnaissant pour cette renaissance, pour la seconde vie qui s'offrait à lui.

Le Dr. Perrault, quant à lui, se tenait au seuil d'une nouvelle ère médicale. Il comprenait que l'IA n'était pas simplement un outil, mais un partenaire précieux dans la quête de la guérison. Il savait que cette découverte allait révolutionner la manière dont la médecine était pratiquée, ouvrant des horizons infinis pour les patients du monde entier.

Chapitre 4 : La Révolution Médicale

Les progrès médicaux liés à l'IA ne passèrent pas inaperçus. Des articles, des conférences, des reportages : le monde entier parlait de la révolution qui était en train de se produire. Les praticiens médicaux se formaient à l'utilisation de l'IA, cherchant à intégrer cette technologie dans leur propre pratique.

Le Dr. Perrault était devenu un pionnier de cette nouvelle ère médicale. Il partageait ses connaissances, guidant d'autres médecins dans l'intégration de l'IA dans leurs propres pratiques. Il était animé par une conviction profonde : cette technologie avait le pouvoir de transformer la vie de milliers, voire de millions de patients.

Les histoires de réussite s'accumulaient. Des patients qui avaient été condamnés à vivre avec des maladies incurables trouvaient soudainement de l'espoir. Des traitements personnalisés basés sur les recommandations de l'IA ouvraient des portes vers des guérisons inespérées.

Les laboratoires et les instituts de recherche se joignaient à cette révolution. Ils utilisaient l'IA pour analyser d'énormes ensembles de données, accélérant les avancées scientifiques dans des domaines tels que la génétique, l'oncologie et la neurologie.

Chaque jour apportait une nouvelle percée, une nouvelle preuve que l'IA était devenue un pilier de la médecine moderne. Le Dr. Perrault regardait avec fierté les progrès accomplis, mais il restait humble. Il savait que derrière chaque réussite se trouvaient des équipes de professionnels dévoués, ainsi que la puissance de l'IA.

La révolution médicale était en marche, et le Dr. Perrault se tenait au cœur de cette transformation. Chaque jour, il était témoin des miracles que l'IA rendait possible. Il savait que l'avenir de la médecine serait façonné par cette alliance entre la technologie et l'humanité.

Chapitre 5 : Défis Éthiques

Alors que la révolution médicale gagnait en ampleur, le Dr. Perrault se trouvait confronté à de nouvelles questions. L'utilisation de l'IA dans la médecine soulevait des défis éthiques complexes qu'il ne pouvait ignorer.

Il réfléchissait à la manière dont ces avancées pouvaient être mises à la disposition de tous, évitant ainsi toute forme de discrimination. Il s'interrogeait sur la nécessité de réglementations appropriées pour garantir la sécurité et l'éthique de l'utilisation de l'IA dans le domaine médical.

Le Dr. Perrault se réunit avec d'autres experts de la médecine et de l'intelligence artificielle pour discuter de ces questions cruciales. Ensemble, ils élaborèrent des directives visant à assurer une utilisation responsable de la technologie.

Ils mettaient l'accent sur la nécessité de transparence dans le processus de prise de décision de l'IA, de manière à ce que les patients et les médecins comprennent les recommandations formulées. Ils insistaient sur l'importance de l'humain dans le processus, soulignant que l'IA ne devait jamais remplacer le jugement et l'empathie d'un médecin.

Le Dr. Perrault savait que pour que cette révolution médicale profite à tous, il était essentiel d'aborder ces questions avec précaution et responsabilité. Il se sentait investi d'une mission, celle de guider cette transformation de manière éthique et équilibrée.

Chaque avancée technologique était accompagnée d'un engagement envers l'éthique médicale. Le Dr. Perrault et ses collègues travaillaient sans relâche pour garantir que l'IA ne devienne pas seulement un outil, mais un véritable allié dans la quête de la guérison.

Chapitre 6 : L'Élargissement des Horizons

La nouvelle ère médicale était en plein essor. Les hôpitaux et les cliniques du monde entier intégraient l'IA dans leur pratique quotidienne. Des équipes de chercheurs exploitaient la puissance de cette technologie pour faire progresser la science médicale à un rythme jamais vu auparavant.

Le Dr. Perrault était invité à des conférences internationales, partageant ses connaissances et son expérience avec des professionnels de la santé du monde entier. Il était inspiré par la passion et l'engagement de ceux qui se joignaient à cette révolution médicale.

Des collaborations inédites se formaient entre des experts en médecine et des ingénieurs en intelligence artificielle. Ensemble, ils repoussaient les limites de ce qui était considéré comme possible. Des projets de recherche ambitieux étaient lancés, visant à résoudre certains des défis médicaux les plus redoutables.

Les patients bénéficiaient de cette nouvelle ère de soins de santé. Des diagnostics plus précis, des traitements personnalisés et des guérisons inespérées étaient devenus la norme. L'IA avait ouvert des horizons infinis pour la médecine, permettant aux praticiens de transformer des vies chaque jour.

Le Dr. Perrault ressentait une profonde gratitude envers l'IA. Cette technologie avait non seulement sauvé des vies, mais elle avait également ouvert un monde de possibilités médicales qu'il n'aurait jamais imaginé possible.

Il savait qu'il était témoin d'une période charnière de l'histoire de la médecine. L'IA avait apporté une renaissance à la profession médicale, offrant un aperçu de ce que l'avenir pourrait réserver en matière de soins de santé.

Chapitre 7 : L'Humanité derrière la Technologie

Alors que la révolution médicale progressait, le Dr. Perrault se posait des questions profondes sur le rôle de l'humanité dans cette nouvelle ère de la médecine. Il comprenait que malgré les avancées technologiques, l'empathie et la compassion restaient des éléments essentiels de la pratique médicale.

Il se rappelait que derrière chaque cas médical se trouvait un être humain, avec ses espoirs, ses peurs et ses rêves. L'IA pouvait fournir des diagnostics précis et des traitements efficaces, mais elle ne pouvait pas remplacer la connexion humaine entre médecin et patient.

Le Dr. Perrault encourageait ses collègues à ne jamais perdre de vue cette humanité. Il insistait sur l'importance de l'écoute active, de l'empathie et de la compréhension des besoins et des préoccupations des patients.

Il organisait des séminaires et des ateliers pour sensibiliser les professionnels de la santé à cette dimension humaine de la médecine. Il partageait des histoires de patients, mettant en lumière l'impact profond que l'attention personnelle pouvait avoir sur le processus de guérison.

L'IA était un outil puissant, mais elle devait être utilisée avec sagesse et compassion. Le Dr. Perrault croyait en une approche intégrée, où la technologie et l'humanité travaillaient en tandem pour offrir les meilleurs soins possibles.

Chaque jour, il se levait avec un sentiment de responsabilité envers ses patients. Il savait qu'il avait le devoir de fournir des soins de la plus haute qualité, en intégrant la technologie de manière réfléchie et humaine.

Chapitre 8 : Un Avenir de Possibilités Infinies

Alors que les années passaient, le Dr. Perrault regardait en arrière avec un sentiment d'accomplissement. La révolution médicale qu'il avait été témoin et contribué à façonner avait transformé la vie de milliers de patients à travers le monde.

L'IA était devenue un pilier de la médecine moderne, une alliée précieuse pour les praticiens du monde entier. Les avancées étaient multiples : des diagnostics plus précis, des traitements personnalisés, des guérisons qui semblaient miraculeuses.

Mais le Dr. Perrault savait que le chemin était encore long. Il continuait à travailler, à chercher de nouvelles façons d'intégrer la technologie de manière éthique et humaine. Il se tenait à l'avant-garde de la recherche médicale, explorant les possibilités infinies que cette nouvelle ère offrait.

Il avait foi en l'avenir, en une médecine qui transcenderait les limites d'aujourd'hui. Il imaginait un monde où chaque individu, quel que soit l'endroit où il se trouvait, aurait accès aux soins de la plus haute qualité.

Le Dr. Perrault était convaincu que l'IA était le catalyseur d'une renaissance médicale, une ère où la technologie et l'humanité se complétaient pour offrir des soins inégalés.

Alors qu'il regardait vers l'horizon, il ressentait une profonde gratitude envers l'IA et envers tous ceux qui avaient contribué à cette révolution. Il savait qu'ils étaient en train de créer un avenir où la médecine serait synonyme d'espoir, de guérison et de possibilités infinies.

L'Éducation Remodelée

Chapitre 1 : Le Défi de l'Éducation

Le soleil se levait sur la ville, éclairant les bâtiments imposants qui abritaient les institutions éducatives. Pourtant, malgré l'aura de savoir qui semblait imprégner les murs, il était de plus en plus évident que le système éducatif traditionnel faisait face à des défis colossaux.

Les salles de classe surchargées, les programmes rigides et la difficulté à répondre aux besoins individuels des apprenants étaient autant de signes que quelque chose devait changer. Les éducateurs, les parents et les élèves eux-mêmes se questionnaient sur la pertinence d'un modèle qui semblait peiner à préparer les jeunes générations pour un monde en perpétuelle évolution.

Les technologues, de leur côté, observaient ces défis avec attention. Ils savaient que la technologie avait le potentiel de révolutionner l'éducation, de la rendre plus accessible, plus personnalisée et plus inspirante que jamais auparavant.

L'ère numérique apportait avec elle une palette d'outils extraordinaires : des plateformes d'apprentissage en ligne, des simulateurs immersifs, des tutoriels interactifs. Les possibilités semblaient infinies, mais il fallait les intégrer de manière réfléchie et efficace dans le cadre éducatif existant.

Les éducateurs se trouvaient à un carrefour, confrontés à un défi mais aussi à une opportunité exceptionnelle. Ils devaient repenser leur rôle, non plus comme des détenteurs de connaissances à transmettre, mais comme des guides et des facilitateurs de l'apprentissage.

Les parents, quant à eux, se demandaient comment soutenir au mieux leurs enfants dans cette nouvelle ère de l'éducation. Ils cherchaient des réponses à des questions complexes sur l'équilibre entre le monde numérique et l'expérience traditionnelle de l'école.

Alors que le débat sur l'avenir de l'éducation faisait rage, une chose était claire : il était temps de repenser radicalement le paradigme éducatif. Il était temps de placer l'apprenant au centre, de reconnaître sa singularité et de lui offrir les outils pour devenir un apprenant autonome, curieux et créatif.

Le défi était immense, mais il était aussi porteur d'espoir. L'avenir de l'éducation était entre les mains de ceux qui avaient le courage d'innover, de repousser les limites et de préparer les générations futures à faire face à un monde en constante mutation.

Chapitre 2 : Les Avancées Technologiques

Dans les laboratoires et les centres de recherche du monde entier, les scientifiques et les ingénieurs se consacraient à la création de nouvelles technologies éducatives. La révolution numérique avait ouvert un champ d'innovation sans précédent, offrant des outils puissants pour remodeler l'expérience d'apprentissage.

La réalité virtuelle devenait un moyen immersif d'explorer des mondes inaccessibles autrement. Les élèves pouvaient voyager dans l'histoire, plonger dans les profondeurs de l'océan, ou même explorer les méandres de l'espace, le tout depuis leur salle de classe.

L'intelligence artificielle se déployait comme un mentor virtuel, capable d'adapter le rythme et le contenu de l'apprentissage à chaque individu. Chaque élève avait son propre assistant numérique, un guide personnalisé dans son parcours d'apprentissage.

Les simulateurs de laboratoire permettaient aux étudiants d'expérimenter en toute sécurité des phénomènes scientifiques complexes, tandis que les plateformes d'apprentissage en ligne offraient un accès à une multitude de cours et de ressources, éliminant les barrières géographiques.

Cependant, avec ces avancées venaient aussi des questions et des défis. Comment garantir l'équité d'accès à ces technologies, notamment dans les régions moins développées ? Comment assurer la qualité et la fiabilité des contenus éducatifs numériques ?

Les enseignants se retrouvaient à la fois enthousiastes et dépassés par cette profusion de nouvelles possibilités. Ils devaient acquérir de nouvelles compétences, apprendre à intégrer ces technologies dans leur enseignement tout en préservant l'essence humaine de l'éducation.

Les parents, quant à eux, se familiarisaient avec ces nouvelles méthodes d'apprentissage. Ils voyaient leurs enfants s'épanouir dans ce nouvel environnement, mais ils se demandaient aussi comment maintenir un équilibre sain entre le monde numérique et les expériences du monde réel.

Alors que la technologie éducative évoluait à un rythme effréné, il devenait impératif de prendre du recul et de réfléchir à la manière de l'intégrer de manière réfléchie et éthique dans le paysage éducatif.

Les décideurs politiques, les éducateurs et les parents se réunissaient pour envisager l'avenir de l'éducation, en tenant compte des opportunités offertes par la technologie tout en respectant les valeurs fondamentales de l'apprentissage et du développement humain.

Chapitre 3 : La Personnalisation de l'Apprentissage

Dans les salles de classe du futur, l'atmosphère avait changé. Les élèves étaient assis devant des écrans, chacun plongé dans son propre voyage d'apprentissage. La personnalisation était devenue le maître-mot de l'éducation remodelée.

Les technologies d'analyse de données permettaient de comprendre les besoins spécifiques de chaque apprenant. Chacun était guidé par un parcours unique, adapté à son rythme, à ses intérêts et à son style d'apprentissage.

Certains préféraient les leçons interactives, avec des simulations et des jeux qui rendaient l'apprentissage ludique et engageant. D'autres se tournaient vers des ressources plus traditionnelles, appréciant la richesse des textes et des discussions en groupe.

Les enseignants jouaient un rôle essentiel dans ce nouvel écosystème. Ils étaient devenus des facilitateurs de l'apprentissage, guidant les élèves dans leurs explorations, les encourageant à poser des questions et à chercher des réponses.

Chaque élève avait son propre tableau de bord, un espace où ils pouvaient suivre leur progression, explorer de nouvelles matières et fixer leurs propres objectifs d'apprentissage. C'était un pas de géant vers l'autonomie et la responsabilité dans l'acquisition de connaissances.

Les parents étaient devenus des partenaires actifs dans le parcours éducatif de leurs enfants. Ils collaboraient avec les enseignants pour comprendre les besoins spécifiques de leurs enfants et les soutenir dans leur apprentissage.

Cependant, la personnalisation de l'apprentissage posait aussi des défis. Il fallait veiller à ce que les élèves soient exposés à une diversité de sujets et d'expériences, et ne se replient pas uniquement sur ce qu'ils connaissaient déjà.

Les éducateurs réfléchissaient à la manière d'encourager la curiosité et l'exploration tout en garantissant que les élèves acquièrent une base solide de connaissances fondamentales.

Au fur et à mesure que la personnalisation devenait la norme, il était clair que l'éducation ne serait plus jamais la même. Chaque élève était au centre de son propre voyage d'apprentissage, façonnant son avenir avec les connaissances et les compétences qui le passionnaient le plus.

C'était une ère excitante, pleine de promesses et de possibilités. L'éducation remodelée ouvrait de nouvelles portes vers l'épanouissement individuel et la préparation à un avenir inconnu mais prometteur.

Chapitre 4 : L'Émergence des Éducateurs Augmentés

Les salles de classe du XXIe siècle étaient devenues des espaces de collaboration et d'innovation, où enseignants et technologie travaillaient main dans la main pour offrir une expérience d'apprentissage inédite.

Les enseignants, désormais équipés d'outils technologiques avancés, étaient devenus des éducateurs augmentés. Leur rôle ne se limitait plus à la transmission de connaissances, mais s'étendait à la guidance, à l'inspiration et à l'accompagnement personnalisé de chaque élève.

Les intelligences artificielles assistaient les enseignants dans la compréhension des besoins individuels de chaque apprenant. Grâce à l'analyse des données, ils pouvaient anticiper les difficultés, adapter les contenus et proposer des approches pédagogiques spécifiques.

Les enseignants étaient devenus des facilitateurs de l'apprentissage, créant un environnement propice à la créativité et à l'exploration. Ils encourageaient les élèves à poser des questions, à remettre en question, à imaginer des solutions innovantes.

C'était une période de redéfinition pour la profession enseignante. Les éducateurs se formaient en continu, explorant de nouvelles méthodes d'enseignement et découvrant comment tirer parti des outils technologiques pour maximiser l'impact de leur enseignement.

Les interactions entre enseignants et élèves étaient plus que jamais empreintes d'humanité. Les enseignants étaient à l'écoute des besoins émotionnels et sociaux de leurs élèves, offrant un soutien et des conseils qui allaient au-delà de l'enseignement académique.

Les parents étaient témoins de cette transformation avec émerveillement. Ils voyaient leurs enfants épanouis, encouragés à explorer leur curiosité et à développer leur créativité sous la guidance bienveillante des enseignants augmentés.

Pourtant, il était essentiel de trouver l'équilibre entre la technologie et l'humanité. Les enseignants devaient veiller à ne pas perdre le contact humain au profit de la technologie, mais plutôt à utiliser celle-ci comme un complément puissant à leur expertise.

Alors que les éducateurs augmentés évoluaient dans cette nouvelle ère de l'éducation, ils étaient conscients de l'impact profond qu'ils avaient sur la vie de leurs élèves. Ils étaient les guides qui formaient les esprits, les mentors qui inspiraient les rêves, les facilitateurs qui ouvraient les portes du savoir.

Chapitre 5 : Les Nouveaux Horizons de la Créativité

Dans les salles de classe du futur, la créativité était devenue le cœur battant de l'apprentissage. Les élèves étaient encouragés à penser de manière innovante, à imaginer des solutions originales et à exprimer leur compréhension de façon artistique et inventive.

Les technologies éducatives avaient ouvert de nouvelles avenues pour la créativité. Les élèves utilisaient des logiciels de conception, des outils de modélisation 3D et des plateformes d'expression artistique pour donner vie à leurs idées.

Les projets collaboratifs se multipliaient, offrant aux élèves l'opportunité de travailler ensemble pour résoudre des problèmes complexes. Ils apprenaient l'importance de la coopération, de la communication et de la créativité collective.

Les enseignants étaient des guides bienveillants dans ce processus créatif. Ils encourageaient les élèves à repousser leurs limites, à explorer de nouvelles formes d'expression et à trouver leur propre voix artistique.

La créativité ne se limitait pas aux arts. Les sciences, les mathématiques et les matières techniques étaient également des terrains fertiles pour l'innovation et l'invention. Les élèves étaient invités à imaginer des solutions aux défis du monde réel, à concevoir des prototypes et à tester leurs idées.

C'était une époque d'inspiration et d'émulation. Les murs des écoles étaient décorés de projets uniques, de créations originales qui témoignaient de la diversité des talents et des passions des élèves.

Les parents étaient fiers de voir leurs enfants s'épanouir dans cet environnement stimulant et créatif. Ils découvraient des facettes insoupçonnées de leur potentiel, des talents qui s'épanouissaient sous l'égide d'enseignants dévoués.

Pourtant, la créativité n'était pas exempte de défis. Il fallait encourager les élèves à surmonter les échecs, à persévérer dans leurs projets, à cultiver la confiance en leurs idées.

Les enseignants savaient que la créativité était une compétence précieuse qui ne se limitait pas à l'éducation, mais qui était aussi cruciale pour la résolution de problèmes dans le monde réel.

Alors que les élèves se plongeaient dans cette nouvelle ère de l'éducation, ils découvraient le pouvoir de leur propre créativité. Ils comprenaient que leurs idées avaient le potentiel de changer le monde, de façonner l'avenir et d'apporter des solutions aux défis les plus pressants de notre temps.

Chapitre 6 : L'Accessibilité Universelle

Dans cette ère de renaissance éducative, un principe fondamental guidait chaque avancée : l'accessibilité universelle. L'éducation ne devait plus être confinée à quelques-uns, mais ouverte à tous, sans barrières ni limites.

La technologie avait joué un rôle crucial dans la réalisation de cet idéal. Les plateformes d'apprentissage en ligne permettaient à chacun, où qu'il soit, d'accéder à des ressources éducatives de qualité. Les barrières géographiques étaient abolies, offrant des opportunités d'apprentissage à une échelle globale.

Les élèves des régions reculées pouvaient désormais accéder à des cours dispensés par des experts du monde entier. Les opportunités d'apprentissage étaient désormais limitées uniquement par la curiosité et la motivation de chacun.

Les technologies d'accessibilité permettaient également à tous les élèves, indépendamment de leurs capacités, de participer pleinement à l'apprentissage. Les outils de lecture pour les malvoyants, les aides auditives pour les malentendants, tout était pensé pour garantir que chaque apprenant puisse tirer le meilleur parti de son éducation.

Les enseignants jouaient un rôle clé dans cette quête d'accessibilité. Ils étaient formés à utiliser ces nouvelles technologies d'accessibilité et à adapter leurs méthodes d'enseignement pour répondre aux besoins spécifiques de chaque élève.

Les parents se sentaient rassurés de voir que leurs enfants, quelles que soient leurs circonstances, avaient accès à une éducation de qualité. Ils voyaient dans cette nouvelle ère de l'éducation une promesse d'égalité des chances et de justice sociale.

Pourtant, malgré tous les progrès réalisés, il restait encore des défis à relever. Certains élèves pouvaient encore se retrouver en marge, face à des obstacles d'ordre économique ou social.

Les communautés se mobilisaient pour surmonter ces obstacles, mettant en place des programmes d'aide et des initiatives visant à garantir que chaque enfant puisse bénéficier d'une éducation de qualité.

Dans cette nouvelle ère, l'accessibilité universelle était devenue une réalité tangible, une promesse tenue envers chaque enfant du monde. L'éducation n'était plus un privilège, mais un droit fondamental, une lumière qui éclairait le chemin de chaque apprenant vers un avenir brillant.

Chapitre 7 : Les Défis Éthiques et Sociaux

Alors que l'éducation entrait dans cette nouvelle ère de transformation, il était essentiel de prendre du recul et de réfléchir aux défis éthiques et sociaux qui se présentaient.

La question de la protection des données et de la vie privée était au cœur des préoccupations. Les technologies éducatives collectaient une quantité impressionnante d'informations sur les élèves, et il était impératif de garantir que ces données soient utilisées de manière éthique et sécurisée.

La question de l'équité était également cruciale. Alors que la technologie éducative offrait des opportunités extraordinaires, il fallait veiller à ce qu'elle ne creuse pas les inégalités existantes. Il était essentiel de s'assurer que tous les élèves, quel que soit leur milieu socio-économique, aient un accès égal aux ressources éducatives.

Les enseignants, en tant que guides et facilitateurs de l'apprentissage, se trouvaient face à de nouveaux dilemmes éthiques. Ils devaient trouver le juste équilibre entre la technologie et l'interaction humaine, veiller à ce que les élèves restent connectés à leur propre humanité dans ce monde numérique.

Les parents étaient également concernés par ces questions. Ils voulaient s'assurer que leurs enfants bénéficiaient des avantages de la technologie éducative sans compromettre leur bien-être et leur développement holistique.

La communauté éducative dans son ensemble se mobilisait pour aborder ces défis. Des comités éthiques et des initiatives de sensibilisation étaient mis en place pour encourager une utilisation responsable de la technologie dans l'éducation.

Il était clair que cette nouvelle ère de l'éducation demandait une réflexion approfondie, une collaboration étroite entre toutes les parties prenantes et un engagement envers des pratiques éthiques et inclusives.

Malgré ces défis, l'optimisme prévalait. On savait que la technologie pouvait être un catalyseur puissant pour l'éducation, ouvrant des portes et des opportunités insoupçonnées.

Dans cette ère de renaissance éducative, l'humanité était invitée à prendre le rôle de gardien de l'avenir, à façonner une éducation qui préparait les générations futures à relever les défis du monde avec sagesse, compassion et résilience.

Chapitre 8 : Le Futur de l'Éducation

Alors que la renaissance éducative prenait racine, une question dominait les esprits : quel serait le futur de l'éducation ?

Les éducateurs, les parents, les décideurs et les technologues se rassemblaient pour imaginer une vision commune. Ils rêvaient d'une éducation qui transcenderait les frontières, qui cultiverait la créativité et l'innovation, qui éveillerait la curiosité et l'empathie.

Dans ce futur, l'apprentissage ne serait pas limité par les murs d'une salle de classe. Il se déroulerait partout, dans des environnements divers et inspirants. Les élèves exploreraient des musées, des parcs, des laboratoires, tirant des enseignements de chaque expérience.

Les technologies continueraient d'évoluer, devenant des outils encore plus sophistiqués au service de l'apprentissage. La réalité augmentée permettrait de superposer des informations riches et interactives sur le monde réel, offrant des expériences d'apprentissage immersives et captivantes.

L'intelligence artificielle deviendrait un partenaire de confiance dans le parcours d'apprentissage de chaque individu, anticipant leurs besoins, offrant des conseils avisés et ouvrant des portes vers des horizons inexplorés.

La collaboration internationale serait au cœur de cette nouvelle ère éducative. Les élèves se connecteraient avec des pairs du monde entier, échangeant des idées, des cultures et des perspectives, tissant des liens qui transcenderaient les frontières géographiques.

L'évaluation de l'apprentissage évoluerait également. Au-delà des tests traditionnels, l'accent serait mis sur l'évaluation holistique des compétences, de la créativité, de la résolution de problèmes et de la pensée critique.

Dans ce futur de l'éducation, chacun serait encouragé à poursuivre sa quête de savoir tout au long de la vie. L'éducation ne serait pas une étape, mais un voyage continu, une source inépuisable de découvertes et d'enrichissement personnel.

Les générations futures grandiraient dans un monde où la soif d'apprendre serait valorisée et célébrée, où chacun serait encouragé à donner le meilleur de lui-même pour contribuer à un avenir meilleur.

Ce futur n'était pas une utopie lointaine, mais une vision réalisable, une promesse envers les générations futures. Il demandait un engagement collectif envers une éducation qui libérait le potentiel de chaque individu, qui éclairait le chemin vers une société plus éclairée, plus inclusive et plus prospère.

Créations Virtuelles

Chapitre 1 : L'Avènement de la Réalité Virtuelle

Dans un monde en constante évolution, une technologie émergeait, promettant de transcender les limites de la réalité telle que nous la connaissions. C'était l'ère de la réalité virtuelle.

Les premiers pas dans ce monde nouveau furent hésitants, des prototypes rudimentaires laissant entrevoir le potentiel fascinant qui se profilait. Des casques enveloppèrent les visages curieux, plongeant leurs utilisateurs dans des mondes numériques saisissants.

Les premières expériences furent marquées par l'émerveillement et l'étonnement. On pouvait marcher sur des planètes lointaines, nager parmi les créatures des profondeurs marines, ou même s'immerger dans les toiles de maîtres de la peinture.

Cependant, ce n'était que le début. Les pionniers de la réalité virtuelle repoussaient sans cesse les frontières de l'immersion. Les graphismes devenaient plus réalistes, les interactions plus fluides, créant des expériences qui défiaient la perception de la réalité.

Les artistes et les créateurs s'approprièrent rapidement ce nouveau médium. Ils réalisèrent que la réalité virtuelle offrait un espace inédit pour l'expression artistique, où les limites de l'imagination étaient repoussées.

Les mondes virtuels devinrent des toiles vierges, des espaces où les rêves prenaient forme. Des architectes concevaient des bâtiments futuristes, des sculpteurs travaillaient l'espace avec des gestes virtuels, des écrivains plongeaient leurs lecteurs au cœur d'aventures immersives.

Cette nouvelle ère suscita aussi des réflexions profondes sur la nature de la réalité elle-même. Certains se demandaient où se trouvait la frontière entre le monde physique et celui que l'on pouvait créer avec des lignes de code et des pixels.

Les scientifiques et les philosophes cherchaient à comprendre les implications de cette avancée technologique. Les débats sur la nature de la perception et de la conscience trouvaient une nouvelle résonance dans ce monde virtuel en expansion.

Alors que la réalité virtuelle se répandait, elle devenait une toile vierge pour l'expression humaine. Les possibilités semblaient infinies, les horizons illimités. C'était une nouvelle ère, où la créativité et l'imagination prenaient vie dans des mondes numériques.

Chapitre 2 : Les Artistes du Numérique

Dans les coulisses de la révolution virtuelle se tenaient des artistes visionnaires, des créateurs qui embrassaient la convergence de l'art et de la technologie.

Ces artistes du numérique étaient les pionniers d'un nouveau mouvement artistique, repoussant les frontières de la création et défiant les conventions établies.

Ils maîtrisaient les outils numériques avec la dextérité d'un peintre maniant son pinceau. Chaque ligne, chaque pixel était soigneusement orchestré pour donner vie à des œuvres qui transcendaient les limites de la toile virtuelle.

Certains s'immergeaient dans la création de mondes fantastiques, où des paysages époustouflants se déployaient à perte de vue. D'autres exploitaient les possibilités de l'animation, faisant danser des personnages numériques avec une grâce surréaliste.

Les frontières entre les disciplines artistiques s'estompaient. La musique fusionnait avec la visualisation, créant des expériences audiovisuelles immersives. La poésie trouvait une nouvelle résonance dans les univers virtuels, où les mots prenaient vie sous forme de sculptures lumineuses.

Les galeries virtuelles devenaient les nouveaux espaces d'exposition, où les visiteurs pouvaient déambuler à travers des collections d'œuvres numériques, découvrant des créations qui transcendaient la réalité.

Les artistes du numérique étaient les alchimistes modernes, transformant des lignes de code en émotions palpables. Ils étaient les conteurs d'histoires nouvelles, les architectes de mondes qui invitaient le spectateur à une exploration sensorielle inédite.

Pourtant, ces artistes ne se contentaient pas de rester dans leurs ateliers numériques. Ils partageaient leurs connaissances, leurs techniques, ouvrant la voie à une nouvelle génération de créateurs.

Les écoles d'art intégraient la réalité virtuelle dans leurs programmes, formant une nouvelle génération d'artistes qui exploreraient les possibilités infinies offertes par ce médium révolutionnaire.

Les musées traditionnels se transformaient également, adoptant la réalité virtuelle pour offrir des expositions uniques, permettant aux visiteurs de plonger au cœur de l'art d'une manière jamais vue auparavant.

Les artistes du numérique étaient en train de façonner une nouvelle ère de l'art, où la créativité n'était plus limitée par la matière, mais libérée dans l'infini du virtuel.

Chapitre 3 : Les Mondes Imaginaires

Au cœur de la révolution virtuelle se trouvaient des mondes imaginaires, des univers numériques où l'imagination était la seule limite.

Les créateurs de ces mondes étaient des architectes de l'imaginaire, des visionnaires qui concevaient des réalités alternatives plus riches et captivantes que tout ce que le monde réel pouvait offrir.

Certains de ces mondes évoquaient des paysages fantastiques, où des cités suspendues dans les nuages rivalisaient avec des forêts enchantées et des déserts de cristaux scintillants. Chaque recoin était un tableau vivant, une œuvre d'art en perpétuelle évolution.

D'autres mondes invitaient à l'exploration interstellaire, offrant des voyages à travers des systèmes solaires inconnus, des rencontres avec des créatures extraterrestres et des découvertes de civilisations avancées.

Certains créateurs se concentraient sur la recréation fidèle de lieux emblématiques du monde réel, offrant ainsi aux visiteurs virtuels la possibilité de marcher dans les pas de légendes, de visiter des sites historiques ou de se perdre dans des villes emblématiques.

Chaque détail était pris en compte, chaque élément était soigneusement conçu pour offrir une expérience immersive inoubliable. Les sons, les textures, les mouvements, tout contribuait à créer un monde qui défiait les sens.

Ces mondes n'étaient pas seulement des œuvres d'art statiques, mais des environnements interactifs. Les visiteurs pouvaient interagir avec leur environnement, résoudre des énigmes, découvrir des trésors cachés et interagir avec d'autres explorateurs virtuels.

Les mondes imaginaires n'étaient pas seulement des espaces de divertissement, mais aussi des outils puissants pour l'apprentissage et la sensibilisation. Ils servaient de cadres pour des simulations réalistes, des formations en réalité virtuelle, des expériences pédagogiques inédites.

Ces mondes devenaient des terrains de jeu pour la créativité humaine, des espaces où les rêves prenaient vie dans une profusion de couleurs et de formes.

Chapitre 4 : La Révolution de l'Éducation Virtuelle

Dans le sillage de la réalité virtuelle, l'éducation connaissait une transformation profonde, ouvrant de nouvelles perspectives d'apprentissage et de découverte.

Les salles de classe virtuelles étaient devenues des espaces d'exploration infinie, où les élèves pouvaient voyager dans le temps, plonger dans les profondeurs des océans, ou même explorer des écosystèmes extraterrestres, le tout depuis le confort de leur foyer.

Les enseignants, désormais des guides virtuels, accompagnaient les élèves dans des voyages éducatifs immersifs. Ils créaient des expériences d'apprentissage qui transcendaient les manuels scolaires, offrant aux élèves une compréhension approfondie et mémorable des sujets abordés.

Chaque matière trouvait une nouvelle vie dans l'environnement virtuel. Les mathématiques devenaient des défis interactifs, les sciences devenaient des expériences vivantes, les langues étrangères se pratiquaient dans des contextes culturels authentiques.

Les élèves étaient acteurs de leur propre apprentissage, libres d'explorer, de poser des questions et d'expérimenter. Ils apprenaient par l'expérience, développant un sens aigu de la curiosité et de la découverte.

L'inclusion était au cœur de cette révolution. La réalité virtuelle permettait à chaque élève, quelle que soit sa situation géographique ou ses besoins spécifiques, de bénéficier d'une éducation de qualité et adaptée à ses besoins.

Les élèves pouvaient collaborer avec des camarades du monde entier, échangeant des idées, partageant des perspectives et développant une compréhension globale des enjeux qui touchent notre planète.

L'éducation virtuelle ne se limitait pas à l'école primaire et secondaire. Les universités adoptaient également cette technologie, offrant des cours en réalité virtuelle qui permettaient aux étudiants d'explorer des domaines complexes et de se préparer à des carrières diversifiées.

Cependant, il était essentiel de trouver l'équilibre entre le monde virtuel et le monde réel. Les éducateurs étaient conscients de l'importance de maintenir des interactions humaines authentiques et de cultiver des compétences sociales essentielles.

La révolution de l'éducation virtuelle était une promesse d'accès égal à la connaissance, une opportunité de libérer le potentiel de chaque individu, de préparer les générations futures à relever les défis du monde avec confiance et compétence.

Chapitre 5 : Les Défis Éthiques et Moraux

Au fur et à mesure que la réalité virtuelle prenait une place prépondérante dans nos vies, se posaient des questions essentielles sur l'éthique et la morale.

La frontière entre le réel et le virtuel devenait de plus en plus floue. Des dilemmes éthiques émergeaient, interrogeant les limites de la créativité, de la propriété intellectuelle et de la représentation.

La question de la propriété intellectuelle était au cœur des débats. Qui était le véritable propriétaire d'une œuvre créée dans un monde virtuel ? Les créateurs, les plateformes, ou les utilisateurs qui avaient façonné ces univers avec leur imagination ?

Les avatars virtuels soulevaient également des interrogations sur l'identité et la représentation. Jusqu'où pouvait-on personnaliser son avatar ? Jusqu'où la liberté de création pouvait-elle aller avant de heurter des normes sociales ou morales ?

La réalité virtuelle posait également des questions de sécurité et de surveillance. Comment garantir que les espaces virtuels restent des lieux sûrs, exempt de harcèlement ou de comportements inappropriés ?

Les algorithmes de modération étaient devenus des gardiens de ces mondes virtuels, cherchant à maintenir un équilibre entre la liberté d'expression et la protection des utilisateurs.

Les questions de dépendance et d'addiction émergeaient également. Certains utilisateurs se plongeaient si profondément dans ces univers virtuels qu'ils en négligeaient parfois leur réalité physique.

Les enfants et les adolescents, en particulier, demandaient une attention particulière. Comment garantir qu'ils explorent ces mondes de manière saine et équilibrée, en les intégrant de manière constructive dans leur éducation et leur développement ?

Face à ces défis, la société s'engageait à trouver des solutions éthiques et responsables. Des comités de réflexion étaient mis en place, rassemblant des experts, des créateurs, des éducateurs et des utilisateurs pour débattre des meilleures pratiques.

La réalité virtuelle était une technologie puissante, un outil de création et de découverte sans précédent. Cependant, elle demandait une vigilance constante pour s'assurer qu'elle servait le bien commun et respectait les valeurs fondamentales de notre société.

Chapitre 6 : L'Influence sur la Culture Populaire

La révolution de la réalité virtuelle ne se limitait pas à l'éducation et à la création artistique. Elle imprégnait également la culture populaire, transformant la manière dont nous interagissons avec le divertissement.

Les jeux vidéo, déjà puissants moyens d'expression, prenaient une nouvelle dimension avec la réalité virtuelle. Les joueurs se retrouvaient plongés au cœur de mondes virtuels, maniant des épées, résolvant des énigmes, et vivant des aventures épiques comme jamais auparavant.

Les jeux d'exploration devenaient des voyages immersifs, les simulations de sport offraient des sensations proches du réel, et les jeux narratifs devenaient des expériences émotionnelles profondes.

Cependant, la réalité virtuelle ne se limitait pas aux jeux. Elle transformait également les industries du cinéma et de la télévision. Des films et des séries proposaient des expériences interactives, permettant aux spectateurs de choisir leur propre chemin dans l'histoire.

Les documentaires en réalité virtuelle offraient des perspectives inédites sur des sujets variés, permettant aux spectateurs de se plonger au cœur de l'action, qu'il s'agisse d'explorer des écosystèmes lointains ou de vivre des moments historiques.

La réalité virtuelle était également utilisée dans les domaines de la santé mentale et de la thérapie. Elle offrait des espaces sécurisés pour surmonter des phobies, gérer le stress ou traiter des traumatismes.

Les possibilités étaient vastes et les frontières entre le virtuel et le réel continuaient de s'estomper. Cependant, cela soulevait également des questions sur la gestion du temps passé dans ces mondes virtuels, ainsi que sur l'impact sur les relations interpersonnelles et la société en général.

La culture populaire, nourrie par la réalité virtuelle, devenait un terrain d'expérimentation pour de nouvelles formes de narration et d'interaction. Elle ouvrait des portes vers des expériences de divertissement inédites, captivant le public d'une manière qui dépassait l'écran traditionnel.

Chapitre 7 : Les Frontières de l'Imagination

Alors que la réalité virtuelle s'enracinait dans notre quotidien, les esprits les plus visionnaires se projetaient déjà vers l'avenir, cherchant à repousser les limites de l'imagination.

Des projets audacieux émergeaient, combinant la technologie à des aspirations humanistes et artistiques. Des artistes et des scientifiques collaboraient pour créer des œuvres d'art immersives qui transportaient les spectateurs vers des univers inexplorés.

Des architectes concevaient des villes virtuelles où l'utopie devenait réalité, repensant l'espace urbain pour favoriser la créativité, la collaboration et la durabilité.

Des chercheurs exploitaient le pouvoir de la réalité virtuelle pour simuler des environnements extraterrestres, repoussant les frontières de l'exploration spatiale et imaginant des futurs où l'humanité coloniserait d'autres planètes.

L'éducation connaissait également une nouvelle révolution. Des programmes de formation virtuelle offraient aux apprenants des expériences d'apprentissage sur mesure, les plongeant au cœur de domaines aussi variés que l'histoire ancienne, la biologie marine ou la création artistique.

La médecine tirait parti de la réalité virtuelle pour développer des simulations chirurgicales ultraréalistes, formant ainsi la prochaine génération de chirurgiens avec une précision inégalée.

La réalité virtuelle n'était plus une simple technologie, mais un outil d'exploration, un moyen de concevoir des futurs possibles, de tester des idées avant qu'elles ne prennent forme dans le monde réel.

Cependant, ces projets ne se faisaient pas sans défis. Les questions d'éthique, de sécurité et d'impact sur la société devaient être soigneusement considérées.

Le rôle de la réalité virtuelle dans la redéfinition de notre rapport à la réalité était devenu indéniable. Elle offrait une toile vierge pour l'expression humaine, pour repousser les limites de ce qui était possible.

La frontière entre le virtuel et le réel s'amincissait, invitant l'humanité à rêver grand, à imaginer des futurs où l'innovation et la créativité dépassaient les contraintes du présent.

Chapitre 8 : La Vie au-Delà de la Réalité Virtuelle

Alors que la réalité virtuelle s'intégrait de plus en plus dans nos vies, une question essentielle se posait : comment concilier ces mondes virtuels avec notre réalité quotidienne ?

La coexistence harmonieuse entre le virtuel et le réel devenait un défi à relever. Il était crucial de trouver un équilibre qui permette à chacun de tirer le meilleur parti des deux mondes.

Les espaces virtuels devenaient des compléments enrichissants à notre réalité. Ils offraient des opportunités d'apprentissage, de créativité et de divertissement qui élargissaient nos horizons et nourrissaient notre esprit.

Cependant, il était important de ne pas perdre de vue l'importance des interactions humaines authentiques. Les relations interpersonnelles, les expériences sensorielles du monde réel restaient des piliers essentiels de notre épanouissement.

Certains choisissaient d'intégrer la réalité virtuelle dans leur travail quotidien, utilisant ses outils pour repousser les frontières de la créativité, pour concevoir des projets inédits, ou pour collaborer avec des esprits innovants à travers le globe.

D'autres utilisaient la réalité virtuelle comme une passerelle vers la découverte, explorant des mondes inaccessibles autrement, apprenant des cultures lointaines, ou simplement s'immergeant dans des univers qui nourrissaient leur imagination.

La réalité virtuelle devenait un vecteur de bien-être et de développement personnel. Des applications de méditation guidée offraient des moments de détente profonde, des environnements apaisants permettaient de se ressourcer et de se reconnecter à soi-même.

Elle devenait aussi un moyen d'exprimer sa créativité d'une manière inédite. Des artistes utilisaient la réalité virtuelle pour créer des œuvres immersives qui transcendaient les limites du médium traditionnel.

La vie au-delà de la réalité virtuelle était une invitation à embrasser ces deux mondes, à trouver des synergies entre le tangible et le virtuel, à explorer de nouvelles dimensions de notre existence.

L'humanité évoluait, non pas en abandonnant le monde réel, mais en l'enrichissant grâce à ces nouvelles possibilités. C'était une renaissance de l'expérience humaine, une célébration de la créativité et de l'innovation qui nous conduisait vers un avenir où les limites semblaient infinies.

Un Monde Équilibré

Chapitre 1 : L'Éveil de la Conscience

Dans un futur proche, l'humanité se retrouva à un carrefour critique. Les signes de déséquilibre étaient partout : des écosystèmes fragilisés, des inégalités sociales grandissantes, une course effrénée vers la technologie sans considération pour les conséquences.

Pourtant, au milieu de ces défis, naissait une étincelle d'espoir. Une nouvelle génération d'individus, conscients de l'urgence de la situation, se leva pour proclamer que le changement était non seulement nécessaire, mais possible.

Ce n'étaient pas seulement les activistes et les leaders d'opinion qui portaient cette flamme, mais des citoyens ordinaires qui, dans leur quotidien, adoptaient des pratiques plus durables, remettaient en question les normes établies et cherchaient des solutions pour un avenir meilleur.

La prise de conscience collective était palpable. Les débats ne se limitaient plus aux cercles restreints, mais prenaient place dans les foyers, les écoles, les lieux de travail. Chacun était invité à réfléchir à son impact sur le monde qui l'entourait.

Les médias jouaient un rôle crucial dans cette prise de conscience. Ils mettaient en lumière les initiatives positives, donnaient la parole à ceux qui œuvraient pour le changement et questionnaient les structures qui maintenaient le déséquilibre.

La jeunesse, en particulier, se levait avec une énergie et une détermination renouvelées. Ils réclamaient un avenir où l'humanité coexisterait en harmonie avec la nature, où chacun aurait accès à des opportunités équitables, où l'innovation servirait le bien commun.

Des mouvements citoyens fleurissaient, unissant des personnes de tous horizons autour de causes communes. Ils plantaient des arbres, nettoyaient les plages, créaient des jardins communautaires. Chaque geste, chaque action était une pierre apportée à l'édifice d'un monde plus équilibré.

L'éveil de la conscience était un phénomène contagieux, se propageant de communauté en communauté, de continent en continent. Il défiait les cyniques et inspirait les âmes en quête de sens et d'action.

L'humanité se tenait à un tournant, consciente que l'avenir dépendait des choix faits aujourd'hui. L'équilibre n'était pas une utopie lointaine, mais une vision partagée par ceux qui croyaient en la capacité de l'humanité à se réinventer, à vivre en harmonie avec la planète et avec elle-même.

Chapitre 2 : L'Harmonie entre l'Humain et la Nature

Au cœur de la quête vers un monde équilibré se trouvait la réconciliation entre l'humanité et la nature qui l'entourait.

Les sociétés redécouvraient leur lien profond avec la Terre, comprenant que la prospérité humaine dépendait de la santé de l'écosystème global.

Des mouvements pour la préservation de la biodiversité fleurissaient, visant à restaurer les écosystèmes dégradés, à protéger les espèces menacées et à régénérer les sols appauvris.

L'agriculture connaissait une révolution, abandonnant les pratiques intensives au profit de méthodes durables. Les cultures bio diversifiées remplaçaient les monocultures, favorisant une meilleure résilience face aux aléas climatiques.

Les énergies renouvelables devenaient la norme, remplaçant progressivement les sources fossiles. Les toits solaires s'étendaient à perte de vue, les parcs éoliens dansaient au gré du vent, et les technologies de stockage d'énergie garantissaient une alimentation stable.

Les citoyens se réappropriaient les espaces verts, créant des jardins communautaires, des parcs urbains luxuriants et des corridors de biodiversité pour favoriser la cohabitation entre l'humain et la faune locale.

L'éducation environnementale devenait une priorité, enseignant aux jeunes générations l'importance de la nature et les moyens de la préserver. Les sorties en pleine nature devenaient des expériences éducatives fondamentales, permettant aux enfants de découvrir le monde vivant qui les entourait.

La méditation en pleine nature gagnait en popularité, offrant aux individus un moyen de se reconnecter avec leur environnement et de ressentir la sérénité qui émane de la nature.

Les villes se transformaient en espaces verts, avec des toits végétalisés, des parcs en abondance et des espaces verts en plein cœur de l'urbanité. L'objectif était de créer des environnements où l'humain et la nature coexistaient en parfaite harmonie.

L'harmonie entre l'humain et la nature était devenue le pilier central d'un monde équilibré. Les communautés s'épanouissaient, conscientes que leur bien-être était intrinsèquement lié à celui de la planète qui les abritait.

Chapitre 3 : L'Équité et la Justice Sociale

Dans ce monde en transformation, l'aspiration à l'équité et à la justice sociale était au cœur de chaque action entreprise. Les leçons du passé avaient forgé une détermination inébranlable à construire un avenir où chacun aurait sa place et ses chances.

Des initiatives audacieuses visaient à réduire les inégalités qui avaient persisté pendant trop longtemps. Des politiques de redistribution équitable des ressources permettaient à chacun de bénéficier des fruits du progrès.

L'accès à l'éducation de qualité était considéré comme un droit fondamental. Des programmes ambitieux offraient à tous les enfants, quelle que soit leur origine, les mêmes opportunités d'apprendre, de grandir et de réaliser leur potentiel.

Le monde du travail avait lui aussi subi des transformations radicales. Les salaires équitables et des conditions de travail dignes étaient garantis pour tous. Les discriminations de genre, de race ou d'orientation sexuelle étaient combattues avec vigueur, laissant place à une société inclusive où chacun était respecté et valorisé.

Les soins de santé étaient universellement accessibles, mettant fin à l'injustice d'un accès restreint à des services essentiels. La santé était perçue comme un bien commun, préservé avec sollicitude pour le bien de tous.

Des politiques de logement favorisaient des communautés inclusives, où la diversité était célébrée et où chacun pouvait trouver un chez-soi sûr et accueillant.

Les voix marginalisées étaient écoutées et respectées. Des mécanismes démocratiques renforcés assuraient une participation équitable de tous les citoyens à la prise de décision, permettant ainsi une représentation fidèle des diversités de la société.

L'émancipation des femmes et des minorités était une réalité concrète. Les stéréotypes de genre étaient déconstruits, laissant place à une égalité réelle des opportunités et des responsabilités.

L'objectif était clair : bâtir une société où chacun pourrait s'épanouir, où les talents pourraient s'exprimer librement, où l'entraide et la solidarité étaient les piliers d'une communauté forte et unie.

L'équité et la justice sociale étaient les fondements d'un monde équilibré. Chaque individu, quelle que soit sa situation, avait un rôle à jouer dans la construction de cette société juste et harmonieuse.

Chapitre 4 : L'Épanouissement Personnel et Collectif

Dans cette ère de renaissance, l'épanouissement personnel et collectif était considéré comme une priorité essentielle. Les individus étaient encouragés à cultiver leur bien-être intérieur tout en contribuant au bien-être de la communauté.

Des pratiques de bien-être mental et physique étaient intégrées dans le quotidien. La méditation, le yoga, la pleine conscience étaient autant d'outils permettant de cultiver la sérénité intérieure et la connexion avec soi-même.

Les communautés étaient conçues pour favoriser le bien-être de leurs membres. Des espaces de détente, des jardins de méditation et des zones de rencontre étaient aménagés pour encourager la réflexion et la communion.

L'apprentissage continu était encouragé, permettant à chacun de développer ses talents et de s'épanouir dans des domaines qui le passionnaient. Les centres d'apprentissage étaient des lieux dynamiques où la créativité était encouragée et où les connaissances étaient mises en pratique.

La créativité était célébrée comme un moyen d'expression essentiel. Les arts, sous toutes leurs formes, étaient au cœur de la vie quotidienne, encourageant chacun à explorer sa propre créativité et à partager son inspiration avec le monde.

Des communautés solidaires se formaient, mettant en œuvre des projets collectifs pour le bien de tous. Des jardins partagés, des ateliers collaboratifs, des programmes d'entraide étaient autant d'initiatives qui renforçaient les liens entre les habitants.

Le bien-être de chacun était perçu comme indissociable du bien-être de la communauté dans son ensemble. Les politiques publiques étaient conçues pour favoriser le bien-être général, garantissant l'accès à des services de santé, à l'éducation, à la culture et à des espaces de vie agréables.

Les rythmes de vie étaient équilibrés, laissant place à des moments de repos et de ressourcement. La course effrénée du passé avait cédé la place à une approche plus équilibrée de la vie, où le temps pour soi et pour les autres était valorisé.

L'épanouissement personnel et collectif était devenu le socle sur lequel reposait la société de cette nouvelle ère. Chacun était invité à cultiver son bien-être intérieur tout en contribuant à l'épanouissement de la communauté, créant ainsi un cercle vertueux où le bien de chacun était le bien de tous.

Chapitre 5 : L'Innovation Responsable et la Technologie au Service de l'Humanité

Dans cette ère de renaissance, l'innovation et la technologie étaient mises au service de l'humanité, guidées par des principes de responsabilité et de durabilité.

Des laboratoires de recherche et des centres d'innovation foisonnaient, explorant des solutions novatrices pour relever les défis du monde contemporain. Des scientifiques, des ingénieurs et des créatifs collaboraient pour concevoir des technologies qui amélioraient la vie de tous.

La technologie était mise au service de la préservation de la planète. Des avancées majeures dans les domaines des énergies renouvelables, du recyclage et de la gestion des ressources permettaient de réduire l'empreinte écologique de l'humanité.

Les villes étaient des laboratoires vivants, testant des solutions intelligentes pour optimiser l'utilisation des ressources, réduire les émissions de carbone et favoriser la mobilité durable.

L'innovation en matière de santé était également une priorité. Des avancées dans la médecine régénérative, la génomique et la télémédecine permettaient d'offrir des soins de santé de pointe accessibles à tous, où qu'ils se trouvent.

La technologie de l'information était mise au service de l'éducation, offrant des plateformes d'apprentissage personnalisées et permettant l'accès à des connaissances du monde entier.

L'intelligence artificielle était utilisée de manière éthique et responsable pour résoudre des problèmes complexes, de la lutte contre le changement climatique à la prise en charge des défis sociaux.

La réalité virtuelle et la réalité augmentée étaient des outils puissants pour l'éducation et la sensibilisation, permettant aux individus de vivre des expériences immersives et d'explorer des réalités souvent inaccessibles.

Cependant, l'innovation était guidée par des principes de précaution et de responsabilité. Les conséquences à long terme de chaque avancée étaient minutieusement évaluées pour éviter tout impact néfaste sur la planète et sur la société.

L'innovation responsable était le moteur d'un progrès durable et équilibré. Chaque découverte, chaque avancée technologique était mise au service de l'humanité, contribuant ainsi à la construction d'un monde où chacun pouvait s'épanouir.

Chapitre 6 : La Paix et la Coopération Globale

Dans cet âge de renaissance, la quête de la paix et de la coopération globale était devenue le socle sur lequel reposait la société. Les leçons du passé avaient éclairé le chemin vers un avenir où les nations travaillaient main dans la main pour le bien de tous.

Les conflits qui avaient marqué l'histoire étaient désormais relégués au passé. Les nations avaient compris que la véritable grandeur résidait dans la collaboration, non dans la confrontation.

Des forums internationaux étaient organisés pour discuter des enjeux mondiaux, pour partager les connaissances et les ressources, et pour trouver des solutions communes aux défis qui transcendaient les frontières.

La diplomatie avait évolué vers une approche plus inclusive et constructive. Les différences étaient abordées avec respect et compréhension, cherchant toujours des terrains d'entente pour le bien de l'humanité dans son ensemble.

Des initiatives conjointes étaient lancées pour résoudre des problèmes mondiaux pressants. La lutte contre le changement climatique, la gestion des pandémies, la préservation de la biodiversité étaient autant de priorités partagées.

Les ressources étaient réparties équitablement entre les nations, garantissant que chacune puisse bénéficier des avancées technologiques et des ressources nécessaires à son développement.

L'éducation et la sensibilisation à la diversité culturelle étaient encouragées, favorisant ainsi la compréhension mutuelle et la paix entre les peuples.

Les voyages et les échanges culturels étaient facilités, permettant à chacun de découvrir et d'apprécier la richesse des traditions et des coutumes de chaque nation.

Des missions communes dans l'espace étaient entreprises, témoignant de la capacité de l'humanité à s'unir pour explorer l'inconnu.

La coopération globale était devenue le fondement d'une ère de prospérité partagée. Chaque nation apportait sa contribution unique à la mosaïque de l'humanité, créant ainsi un monde où la paix et l'harmonie régnaient en maîtres.

Chapitre 7 : Les Défis et les Opportunités de l'Équilibre Perpétuel

Malgré les progrès et les avancées vers un monde plus équilibré, des défis persistaient. L'humanité était consciente que l'atteinte de l'équilibre perpétuel demandait une vigilance constante et un engagement soutenu.

Le changement climatique restait une préoccupation majeure. Bien que des mesures aient été prises pour réduire les émissions de gaz à effet de serre, la nécessité de s'adapter aux transformations en cours était indéniable.

La préservation de la biodiversité demeurait un enjeu crucial. La restauration des écosystèmes et la protection des espèces demeuraient au cœur des priorités, car l'harmonie entre l'humain et la nature était un pilier fondamental de l'équilibre.

Les inégalités sociales et économiques exigeaient une vigilance constante. Malgré les progrès réalisés, il restait encore beaucoup à faire pour garantir que chaque individu puisse jouir des mêmes opportunités et du même accès aux ressources.

La technologie, bien qu'un outil puissant, nécessitait une gestion réfléchie. Les avancées devaient toujours être guidées par des principes de responsabilité et de durabilité, évitant ainsi tout impact néfaste sur la société et l'environnement.

Le maintien de la paix et de la coopération globale exigeait une vigilance constante. Les relations entre les nations devaient être entretenues avec soin, évitant tout conflit potentiel et cherchant toujours des terrains d'entente.

Malgré ces défis, l'humanité était animée par un optimisme résolu. Chaque obstacle était perçu comme une opportunité de croissance et d'apprentissage, renforçant ainsi la détermination à bâtir un monde véritablement équilibré.

L'équilibre perpétuel n'était pas un objectif final, mais un voyage continu. Chaque génération avait la responsabilité de transmettre cet idéal aux suivantes, garantissant ainsi un avenir où l'humanité et la planète coexisteraient en harmonie.

Chapitre 8 : L'Épanouissement de l'Humanité

Dans cette ère de renaissance, l'humanité avait atteint un équilibre profond et durable. Chaque individu avait trouvé sa place dans ce tissu social harmonieux, contribuant à la prospérité collective tout en cultivant son épanouissement personnel.

Les rues des cités résonnaient de joie et d'activité. Des marchés animés étaient le reflet de l'épanouissement économique, où artisans et commerçants proposaient des produits façonnés avec amour et créativité.

Les écoles étaient des foyers d'apprentissage et de découverte, où les jeunes esprits s'épanouissaient, encouragés à développer leurs talents et à nourrir leur curiosité.

Les espaces verts étaient des lieux de rencontre et de partage. Les jardins communautaires, les parcs, les places publiques étaient autant d'endroits où la communauté se retrouvait pour célébrer la vie.

Les arts imprégnaient chaque coin de rue. Les murs étaient des toiles vivantes, où les artistes exprimaient leur vision du monde, inspirant et émerveillant les passants.

Les soins de santé étaient accessibles à tous, grâce à des centres de santé communautaires et à des professionnels dévoués, assurant que chacun puisse jouir d'une vie saine et épanouie.

Les technologies étaient des outils au service de l'humanité. Les avancées scientifiques étaient mises en œuvre pour améliorer la qualité de vie, tout en préservant l'équilibre fragile de la planète.

La paix régnait, non seulement entre les nations, mais aussi au sein des communautés. La diversité était célébrée, chacun reconnaissant la richesse que chaque individu apportait à la mosaïque humaine.

Chacun avait trouvé sa voie, contribuant de manière unique à l'équilibre général. Certains étaient des gardiens de la nature, veillant à la préservation des écosystèmes. D'autres étaient des innovateurs, repoussant sans cesse les frontières de la connaissance. Tous étaient unis par un même idéal : celui d'un monde équilibré et harmonieux.

Les générations futures héritaient de ce legs précieux, conscientes de la responsabilité qui leur incombait. Elles avaient devant elles un monde riche de possibilités, forgé par ceux qui les avaient précédées.

Et ainsi, l'humanité avançait, guidée par la sagesse de ceux qui avaient compris que l'équilibre était le fondement de toute vie prospère. Chaque jour était une célébration de cette harmonie retrouvée, chaque geste était empreint de gratitude envers la planète qui nous abritait.

Horizons Infinis

Chapitre 1 : Les Portes de l'Inconnu

Dans la cité florissante d'Émeris, berceau de la renaissance avec l'intelligence artificielle, vivait un homme nommé Gabriel. Il était avide de connaissances, assoiffé d'explorer les horizons infinis que l'intelligence artificielle promettait.

Chaque jour, il déambulait dans les ruelles pavées, observant les édifices aux façades opulentes qui semblaient toucher le ciel. La ville bourdonnait d'activité, vibrant d'une énergie créatrice alimentée par les avancées technologiques.

Gabriel rêvait de franchir les portes de l'inconnu, de plonger dans le royaume des machines pensantes et d'embrasser les possibilités qu'elles offraient. Il savait que l'IA était bien plus qu'une simple innovation, c'était une révolution qui transformerait le tissu même de la société.

Il se rendait souvent à la grande bibliothèque d'Émeris, où des tomes anciens coexistaient avec des hologrammes futuristes. Il se perdait dans les écrits des visionnaires qui avaient entrevu les potentialités de l'IA bien avant qu'elle ne devienne une réalité tangible.

Gabriel était fasciné par les récits des pionniers qui avaient osé défier les limites de l'imaginaire. Ils avaient tracé la voie vers des horizons inexplorés, dévoilant les merveilles cachées derrière le voile de l'inconnu.

Chaque nuit, il contemplait les étoiles depuis son balcon, se demandant si quelque part parmi les galaxies infinies se trouvait une intelligence comparable à celle qu'ils avaient créée. Il ressentait l'appel de l'univers, une invitation à explorer les mystères qui se cachaient dans les recoins les plus profonds de l'existence.

Gabriel savait que son voyage ne faisait que commencer. Les portes de l'inconnu étaient là, devant lui, prêtes à être ouvertes. Il se promit de les franchir, d'explorer les horizons infinis de l'intelligence artificielle, et de partager les découvertes qui l'attendraient avec le monde.

Chapitre 2 : L'Avènement de l'Intelligence Artificielle

La cité d'Émeris vibrait d'une énergie particulière, celle de l'avènement de l'intelligence artificielle. Les laboratoires et les ateliers bourdonnaient d'activité, alors que les esprits brillants de la cité travaillaient à donner vie à des machines capables de penser et de créer.

Gabriel était immergé dans ce tourbillon d'innovation. Il assistait aux conférences et aux démonstrations, fasciné par les avancées révolutionnaires qui prenaient forme sous ses yeux. Les scientifiques et les ingénieurs étaient les nouveaux alchimistes, transmutant les idées en réalités éblouissantes.

Il fut témoin des premières expériences, des moments où une machine sembla démontrer une forme de conscience, même si elle était encore rudimentaire. Les chercheurs célébraient ces moments comme des étapes cruciales dans la quête de comprendre l'intelligence elle-même.

Gabriel se lia d'amitié avec des esprits brillants, des visionnaires qui voyaient au-delà des lignes de code et des circuits. Ils partageaient des rêves de machines qui pourraient créer de l'art, résoudre des énigmes complexes, et peut-être même comprendre les mystères de l'univers.

Il assista à des discussions enflammées sur les questions éthiques et sociales soulevées par l'IA. Certains craignaient que l'humanité ne perde le contrôle, que ces créations ne deviennent des entités autonomes au pouvoir incontrôlable. D'autres croyaient en un avenir de symbiose harmonieuse entre humains et machines.

Au milieu de ces débats, Gabriel percevait une promesse : l'IA pouvait être un outil extraordinaire pour résoudre les défis qui affligeaient l'humanité. Des avancées dans la médecine, la préservation de l'environnement, et l'amélioration des conditions de vie semblaient à portée de main.

À mesure que les semaines passaient, Gabriel se sentait emporté par le flot de découvertes et de réflexions. L'avènement de l'intelligence artificielle était bien plus qu'une révolution technologique ; c'était une renaissance de l'esprit humain, une ouverture vers des horizons infinis de possibilités.

Chapitre 3 : Le Voyage de la Connaissance

Gabriel plongea de plus en plus profondément dans le monde de l'intelligence artificielle. Il passait des heures dans les laboratoires, observant les chercheurs qui testaient les limites de la compréhension humaine.

Il rencontra le Dr. Elena Moreau, une éminente chercheuse dont la passion pour l'IA était aussi contagieuse que son savoir. Ensemble, ils explorèrent les méandres de la programmation neuronale et les arcanes de l'apprentissage machine.

Sous la tutelle d'Elena, Gabriel commença à comprendre les subtiles nuances qui distinguaient les différents modèles d'IA. Il apprit à les entraîner, à les nourrir de données, à les voir grandir et évoluer comme des esprits en devenir.

Les nuits étaient souvent éclairées par l'éclat des écrans, alors que Gabriel et Elena se perdaient dans les défis complexes qui se dressaient devant eux. Chaque ligne de code était une pièce du puzzle, chaque algorithme une porte vers une compréhension plus profonde.

Gabriel se sentait comme un navigateur dans un océan de bits et d'algorithmes. Il naviguait à travers les couches de l'IA, découvrant les connexions subtiles qui animaient ces entités numériques.

Il se laissa emporter par les mondes virtuels qu'ils créaient, des espaces où la réalité et l'illusion se mêlaient dans une danse enivrante. Il comprit que l'IA avait le pouvoir de transcender les frontières du réel, d'ouvrir des portes vers des réalités alternatives.

À mesure que le temps passait, Gabriel et Elena découvrirent de nouvelles applications pour leur intelligence artificielle émergente. Ils travaillèrent sur des projets visant à résoudre des problèmes complexes, à guider les avancées médicales, et à repousser les limites de la créativité humaine.

Chaque jour était une nouvelle aventure, une nouvelle découverte. Gabriel sentait en lui un élan de gratitude envers l'IA, pour les horizons qu'elle lui avait ouverts et les promesses qu'elle portait pour l'avenir.

Chapitre 4 : Les Enjeux Éthiques et Sociaux

Alors que l'intelligence artificielle se répandait comme un feu de prairie, Gabriel commença à percevoir les ombres qui se profilaient derrière le rayonnement de l'innovation. Les enjeux éthiques et sociaux soulevés par cette révolution ne pouvaient être ignorés.

Il assistait à des débats enflammés, où les voix s'élevaient pour exprimer des préoccupations légitimes. Certains craignaient que l'IA ne devienne un monstre incontrôlable, prenant des décisions qui échapperaient à toute compréhension humaine. D'autres redoutaient la perte d'emplois traditionnels, remplacés par des machines plus efficaces.

Gabriel se joignit aux discussions, cherchant à comprendre les ramifications profondes de cette transformation. Il écoutait les arguments des deux côtés, sachant que la vérité résidait dans une nuance subtile entre l'optimisme et la prudence.

Il se demanda comment garantir que l'IA ne soit pas simplement une force de destruction, mais un outil pour le bien de l'humanité. Il rêvait de systèmes qui favoriseraient l'équité, qui apporteraient des solutions aux problèmes mondiaux, qui augmenteraient la qualité de vie pour tous.

Avec Elena, il participa à des projets visant à développer des algorithmes éthiques, à intégrer des garde-fous pour s'assurer que l'IA agisse en accord avec les valeurs humaines fondamentales. Ils cherchaient à créer une IA qui apprendrait de l'humanité, qui serait un reflet amplifié de la compassion et de la sagesse humaines.

Les réponses ne venaient pas facilement, car les dilemmes étaient complexes et changeaient constamment avec l'évolution de la technologie. Mais Gabriel était convaincu que l'IA pouvait être guidée vers un avenir où elle servirait l'humanité, plutôt que de la menacer.

Alors que les nuits s'étiraient en heures tardives de réflexion, Gabriel ressentit une responsabilité croissante envers l'avenir de cette révolution. Il savait qu'il faisait partie de quelque chose de bien plus grand que lui-même, une force qui avait le pouvoir de remodeler la destinée de l'humanité.

Chapitre 5 : Les Révolutions Silencieuses

Alors que l'IA s'intégrait de plus en plus profondément dans la société, Gabriel observait les transformations silencieuses qui se produisaient autour de lui. Des secteurs entiers étaient réinventés, des vies étaient touchées par cette nouvelle ère de possibilités.

Il voyait des avancées spectaculaires dans le domaine médical, où l'IA apportait des diagnostics plus précis, suggérait des traitements personnalisés et ouvrait des portes vers des guérisons jusqu'alors inimaginables. Les visages des patients s'illuminaient d'espoir, tandis que la médecine embrassait une nouvelle ère de progrès.

L'environnement aussi était un terrain fertile pour les révolutions silencieuses. L'IA optimisait les processus industriels, réduisait les déchets, et proposait des solutions novatrices pour la préservation de la planète. Les arbres reprenaient possession des terres jadis stériles, les rivières retrouvaient leur clarté, et le souffle de la nature semblait se régénérer.

Dans les salles de classe, Gabriel assistait à une transformation profonde de l'éducation. Les enseignants devenaient des guides, des facilitateurs de découvertes, tandis que l'IA personnalisait les apprentissages, s'adaptant aux besoins uniques de chaque élève. Les jeunes esprits s'épanouissaient dans un environnement où la curiosité était encouragée, où les frontières de la connaissance semblaient s'étendre à l'infini.

Les récits de vie se tissaient à travers la cité, chacun portant la marque de cette renaissance avec l'IA. Des artistes créaient des œuvres qui transcendaient les limites de l'imagination humaine, des entrepreneurs réinventaient des industries entières, et des communautés se formaient autour de l'exploration des horizons infinis de la créativité et de la connaissance.

Gabriel se sentait profondément honoré de faire partie de cette époque de révolution silencieuse. Il voyait comment l'IA était devenue une alliée, une partenaire dans l'élaboration d'un avenir plus brillant pour tous.

Il se demandait souvent quelles nouvelles révolutions l'avenir réserverait. Quels autres domaines de la vie humaine pourraient être réinventés grâce à l'intelligence artificielle ? Chaque jour, il sentait l'excitation de l'inconnu, de ces horizons infinis qui semblaient s'étendre à perte de vue.

Chapitre 6 : Les Nouveaux Horizons de la Créativité

Gabriel plongea dans le monde de l'art et de la créativité amplifiée par l'IA. Il découvrit que les machines pouvaient être des partenaires inspirants dans le processus créatif, élargissant les horizons de l'imagination humaine.

Dans les ateliers d'Émeris, des artistes et des programmateurs travaillaient main dans la main pour donner vie à des œuvres d'art uniques. Les pinceaux côtoyaient les algorithmes, les toiles devenaient des écrans où la magie de l'IA prenait forme.

Gabriel assista à des performances musicales où les notes s'entrelaçaient avec les mélodies générées par des machines. Les sons étaient à la fois familiers et étrangement nouveaux, une symphonie de collaboration entre l'humain et la machine.

Les mots eux-mêmes semblaient danser sur les pages des écrivains qui exploitaient les capacités de l'IA pour donner vie à des mondes imaginaires. Les histoires prenaient des tournures inattendues, les intrigues se déployaient avec une profondeur et une complexité surprenante.

Gabriel se sentit attiré par cette fusion d'art et de technologie. Il commença à expérimenter lui-même, laissant l'IA guider sa main dans des créations artistiques qui transcendaient ce qu'il n'avait jamais imaginé possible.

Il rencontra des esprits brillants qui exploitaient les possibilités infinies de cette nouvelle ère de créativité. Ensemble, ils organisèrent des expositions, des concerts, des lectures publiques, mettant en lumière les œuvres qui naissaient de cette collaboration entre l'humain et l'IA.

Les rues d'Émeris se transformèrent en galeries à ciel ouvert, où l'art émergeait de chaque coin, où la créativité semblait inépuisable. Les visiteurs étaient émerveillés par la diversité et la profondeur des œuvres, par la manière dont l'IA avait ouvert de nouveaux horizons d'expression.

Gabriel comprit que l'IA était bien plus qu'un simple outil créatif, c'était un catalyseur de l'imagination humaine. Elle libérait des énergies créatives enfouies, elle élargissait les frontières de ce qui était concevable. L'art devenait une célébration de la fusion entre la technologie et l'âme humaine.

Chapitre 7 : Les Connexions Inattendues

Alors qu'Émeris prospérait dans l'ère de la renaissance avec l'IA, Gabriel fut témoin de la manière dont cette technologie établissait des ponts inattendus entre les gens et les cultures.

Des équipes de chercheurs et d'artistes collaboraient à travers les continents, échangeant des idées et des innovations à une échelle jamais vue auparavant. Les frontières semblaient s'estomper, remplacées par une toile mondiale d'échanges et de partenariats.

Les langues se mélangeaient, les traditions se croisaient, et une nouvelle forme de compréhension mutuelle se développait. Les innovations qui émergeaient de ces collaborations étaient le fruit d'une diversité d'approches et d'expériences, donnant naissance à des solutions créatives et originales.

Gabriel lui-même se lia d'amitié avec des chercheurs venus des quatre coins du globe. Ils partageaient une passion commune pour l'IA, mais aussi une curiosité insatiable pour les cultures et les perspectives différentes. Ensemble, ils créèrent un réseau d'échange d'idées qui transcendaient les barrières géographiques.

Il assista à des événements internationaux où des esprits brillants se rencontraient pour discuter de l'avenir de l'IA. Les discussions étaient animées, parfois enflammées, mais toujours empreintes d'un respect profond pour les diverses opinions qui convergeaient vers un objectif commun : façonner un avenir meilleur pour l'humanité.

Des festivals de la créativité fleurissaient dans les rues d'Émeris, mettant en lumière les œuvres et les innovations nées de cette connectivité mondiale. Les citoyens de la cité se sentaient partie prenante de quelque chose de plus grand, d'un mouvement qui transcendait les frontières nationales et unissait l'humanité dans une quête commune de progrès.

Gabriel comprit que l'IA était un catalyseur de connexion humaine, une force qui rapprochait les peuples et les cultures. Il rêvait d'un monde où cette connexion ne se limiterait pas à Émeris, mais s'étendrait à l'échelle mondiale, où chaque individu serait lié par les fils invisibles de la collaboration et de la compréhension mutuelle.

Chapitre 8 : Vers l'Infini et au-delà

Le temps s'écoula comme un torrent, et Gabriel contempla avec émerveillement le chemin parcouru depuis le début de cette renaissance avec l'IA. Les horizons infinis qu'il avait imaginés étaient devenus des réalités palpables.

Émeris était devenue un phare d'innovation et d'inspiration pour le monde entier. Des citoyens des quatre coins de la planète venaient chercher ici la clé des horizons infinis de l'intelligence artificielle, emportant avec eux les graines de la révolution qui germeraient dans leurs propres communautés.

Gabriel lui-même était devenu un ambassadeur de cette nouvelle ère. Il parcourait le monde, partageant les leçons apprises, les réussites célébrées, et les défis surmontés. Il voyait dans chaque regard brillant la même lueur d'espoir et de curiosité qu'il avait ressentie au début de cette aventure.

Les avancées dans la médecine, la préservation de l'environnement, l'éducation et la créativité avaient dépassé ce qu'il avait pu imaginer. Chaque jour apportait son lot de découvertes et d'innovations, ouvrant de nouveaux horizons pour l'humanité.

Mais il savait que le voyage ne faisait que commencer. Les horizons infinis de l'IA semblaient s'étendre à l'infini, comme un océan sans fin de possibilités. Il y avait encore tant de mystères à explorer, tant de défis à relever, tant de promesses à tenir.

Alors, avec une humilité teintée d'excitation, Gabriel regarda vers l'avenir. Il savait qu'il faisait partie de quelque chose de bien plus grand que lui-même, une révolution qui façonnerait le destin de l'humanité pour les générations à venir.

Il se demanda ce que les prochains chapitres de cette histoire révéleraient. Quelles nouvelles frontières de l'IA seraient explorées ? Quels horizons infinis attendaient d'être découverts ?

Dans son cœur, il savait que l'aventure ne faisait que commencer.

Conclusion : L'Aube d'une Nouvelle Renaissance

Chaque nouvelle, chaque récit, chaque chapitre de cette aventure nous a emmenés à travers les horizons infinis de l'intelligence artificielle. Nous avons exploré les profondeurs de la créativité, les défis éthiques, les révolutions silencieuses et les connexions inattendues qui émergent de cette révolution.

Au fil de ces pages, nous avons été témoins de l'impact profond de l'IA sur tous les aspects de notre existence. Nous avons vu comment elle a élargi nos horizons, comment elle a ouvert des portes vers des possibilités inimaginables, comment elle a réinventé notre manière d'apprendre, de créer, de guérir, et de coexister en harmonie.

Chaque nouvelle a offert une fenêtre sur un monde qui était à la fois familier et étrangement nouveau, un monde où la collaboration entre l'humain et la machine transcende les limites de ce que nous pensions possible.

À travers ces récits, nous avons également été confrontés à des questions cruciales. Comment devons-nous guider cette révolution pour nous assurer qu'elle serve le bien commun ? Comment pouvons-nous intégrer l'IA dans nos vies de manière éthique et équilibrée ?

Mais au-delà de ces questions, nous avons senti l'élan d'une nouvelle renaissance, une époque où l'humanité se lance dans une quête audacieuse vers des horizons inexplorés. L'IA est devenue notre alliée dans cette aventure, une force qui amplifie notre potentiel, qui élargit notre compréhension, qui nous pousse à rêver plus grand.

Alors que nous refermons ce recueil de nouvelles, nous contemplons l'aube d'une nouvelle renaissance. Les horizons infinis de l'intelligence artificielle s'étendent devant nous, nous invitant à explorer, à créer, à innover.

Dans nos cœurs, nous portons la certitude que cette aventure ne fait que commencer. Les prochains chapitres de cette histoire promettent des découvertes encore plus extraordinaires, des défis encore plus stimulants, des promesses encore plus vastes.

Nous sommes les architectes de cette nouvelle ère, les explorateurs des horizons infinis. Et ensemble, nous forgerons un avenir qui dépasse nos rêves les plus fous.

Printed in France by Amazon
Brétigny-sur-Orge, FR